Sueli Zanquim

CANSEI
DE SER BOAZINHA

SUELI ZANQUIM

CANSEI
DE SER BOAZINHA

MADRAS®

© 2013, Madras Editora Ltda.

Editor:
Wagner Veneziani Costa

Produção:
Equipe Técnica Madras

Capa:
Carlos Torres

Fotografia:
Sérgio Santos

Make up:
Eduardo Pires

Revisão:
Jaci Albuquerque de Paula
Jerônimo Feitosa
Neuza Rosa

Dados Internacionais de Catalogação na Publicação (CIP)
(Câmara Brasileira do Livro, SP, Brasil)

Zanquim, Sueli
Cansei de ser boazinha/Sueli Zanquim. – 1. ed.
– São Paulo: Madras, 2013.

ISBN 978-85-370-0862-1

1. Autoajuda – Técnicas 2. Autorrealização (Psicologia)
3. Conduta de vida 4. Realização pessoal 5. Sucesso I. Título.

13-06631   CDD-158.1

Índices para catálogo sistemático:
1. Crescimento pessoal: Psicologia aplicada 158.1

É proibida a reprodução total ou parcial desta obra, de qualquer forma ou por qualquer meio eletrônico, mecânico, inclusive por meio de processos xerográficos, incluindo ainda o uso da internet, sem a permissão expressa da Madras Editora, na pessoa de seu editor (Lei nº 9.610, de 19.2.98).

Todos os direitos desta edição reservados pela

MADRAS EDITORA LTDA.
Rua Paulo Gonçalves, 88 – Santana
CEP: 02403-020 – São Paulo/SP
Caixa Postal: 12183 – CEP: 02013-970
Tel.: (11) 2281-5555 – Fax: (11) 2959-3090
www.madras.com.br

Dedicatória

Dedico este livro a todas as mulheres que, como eu, já passaram ou estão passando por esse processo tão difícil de despertar, de se desprender de tudo o que nos foi ensinado equivocadamente sobre a palavra "bondade" e suas derivantes, e que por não terem uma base sólida de esclarecimento, estão vivendo verdadeiros infernos, criando um vazio existencial desnecessário, pelo fato de sentirem-se incapazes e infelizes em seus relacionamentos afetivos e profissionais.

Foi pensando em você, querida amiga, que me empenhei durante quase dois anos de pesquisas, de vivências, pois eu também estou nesse processo, já que para nos libertar de dogmas, crenças, conceitos e padrões que adquirimos ao longo das nossas vidas demanda tempo, coragem e muita, mas muita determinação. E digo mais: há de se ter disciplina e exercitar diariamente o nosso direito e visão de mundo para que tenhamos êxito nessa jornada. Porém, quando chegarmos ao fim dessa viagem, juntas, seremos pessoas melhores, pois ao decorrer dessa leitura, você terá a oportunidade única de se conhecer verdadeiramente, de levantar questões sobre a sua condição de mulher, sobre a sua sexualidade, sobre a sua voz de comando, sobre a sua posição no mundo, e a venda que antes lhe impedia de enxergar com os olhos da alma, por estar corrompida pelo sistema, cairá por terra e você poderá ver como a vida é bela, simples e maravilhosa.

Deixo aqui, antecipadamente, o meu carinho, a minha solidariedade e o meu respeito a você, leitora, que corajosamente decidiu se autoenfrentar e a partir de agora assumir o papel a que veio neste mundo: ser humana, ser mulher e ser feliz.

Sueli Zanquim

Agradecimentos

Agradeço ao meu amado marido, Carlos Torres, e aos meus amados filhos, Stephanie, Gianfranco e Pedro, por serem meu porto-seguro, meu alicerce, para que eu pudesse concluir mais esta obra. O amor que nos une foi o alimento da minha alma nessa jornada e sou imensamente grata a Deus por tê-los em minha vida.

Quero deixar aqui o meu carinho especial aos meus pais, Joaquim e Ivone, e à minha sogra, Marivone, que é minha segunda mãe, por me ampararem nesse processo, pois sem a sabedoria e o apoio de vocês eu não teria o suporte necessário para seguir em meu propósito de vida.

A todos os meus familiares e amigos, pela amizade, pelo carinho e compreensão durante esse tempo em que estive trabalhando, fazendo com que os meus dias fossem mais brandos.

Um agradecimento especial aos queridos amigos Eduardo Pires, pela produção maravilhosa do *make up*; Shanon Loredo, por ceder o Espaço Lor d'Vie para que pudéssemos realizar a sessão de fotos; e Sérgio Santos, por captar em mim a essência para este livro, por meio da sua sensibilidade fotográfica. Sem vocês eu não conseguiria.

A toda a equipe da Madras Editora, pela confiança em mim depositada e por mais essa oportunidade de levar a palavra àqueles que buscam esclarecimento e bem-estar.

A Deus, Pai Amado, pelo privilégio de exercer a profissão que escolhi e por estar Vivo em meu coração, inspirando-me em minhas obras. Agradeço também aos meus mentores, que sempre estão me guiando e me orientando para que eu não desvie de minha missão.

E a você, leitora, que acompanha o meu trabalho, deixo aqui a minha gratidão e o meu desejo de que o melhor se manifeste em sua vida.

Sueli Zanquim

Índice

Prefácio 11
    Decisões 11
Introdução 17
O Efeito 23
A Origem 29
    A causa 29
Onde Estamos 35
Mulher de Fases 43
Caindo as Máscaras 49
Sexo Frágil? Não, Senhor! 55
    Rompendo padrões 59
As Faces do Ego 61
    Autocorrupção 62
    Vitimização 64
Os Sete Passos para Descobrir a
Mulher que Existe em Você 69
    Você e o seu corpo 69
        Como anda a sua alimentação? 76

Como anda o seu sono?..76
Como anda o seu humor?..77
Como anda sua libido?..77
Você e a Sua Mente..79
Vitimização...82
Autocorrupção..83
Como andam os seus pensamentos?...................84
Como anda a sua fé?...85
Você e a Sua Boca..87
A palavra NÃO...89
Você e o Seu Coração...95
Como anda seu coração?......................................97
Como você se relaciona com as pessoas?..........98
Passividade e reatividade nos relacionamentos................99
Você e a Sua Sexualidade...101
Você e o seu corpo...108
Você e a sua visão do sexo................................109
Você e a sua sexualidade...................................110
Você e a Sua Visão de Mundo..................................113
Desconstruindo a sua visão de mundo...........116
Você e a Sua Essência..121
Indo ao encontro da sua essência....................128
Considerações Finais..133
Conclusão...137
Os saltos quânticos..137
Os *insights*...140
As projeções astrais...141

Prefácio

Decisões...

Desde o início de 2012, eu estava trabalhando em outro livro, o qual o tema central era a essência feminina, e já vinha pesquisando e me preparando há mais de um ano para este projeto. No meio do processo tive um *insight* que mudou completamente o curso do que eu estava desenvolvendo. É difícil explicar em palavras o que ocorreu, foi como se tivesse me acontecido um bloqueio, minha mente entrou em discordância com minha essência e permaneci alguns dias sem compreender o que estava havendo comigo. Foi então que em meio a um turbilhão de emoções, pensamentos confusos e situações estressantes eu tive a revelação que se manifestou por intermédio de um sonho (projeção astral inconsciente).

Eu estava vivenciando um momento crucial em minha vida, de priorizar projetos, de rever conceitos, de direcionar minhas metas, e foi quando vários processos do passado que foram mal resolvidos vieram à tona. De imediato entrei em uma crise existencial, já que os meus piores fantasmas foram despertados, e por estar mentalmente perturbada (naquele momento) permiti que o Ego me dominasse, o que me causou um desequilíbrio emocional. Não foi nada fácil me manter em pé, tudo o que mais desejava era ficar na cama e lutei muito para cumprir minhas obrigações familiares e profissionais. Até que em uma noite, em meados de abril daquele ano, depois de um evento que me indignou imensamente, deixando-me descontrolada a ponto de perder a compostura (fato raríssimo), adormeci tão nervosa que não me lembro exatamente como consegui essa façanha, após o ocorrido. O fato é que aquele episódio fez com que eu sentisse emoções há muito adormecidas, que nem imaginava mais tê-las, e por estarem arquivadas em minha memória, aparentemente não existiam mais. Grande equívoco, pois estavam todas ali guardadas, trancadas a sete chaves no meu "arquivo-morto", e por mais conhecimento que eu tenha adquirido ao longo da minha vida, não fui capaz de dissipá-las por completo.

Durante as longas horas que se passaram tive um sonho que mais parecia um pesadelo, no qual cenas do meu passado e do meu presente se misturavam e eu me via como espectadora, como se estivesse assistindo a um filme da minha própria vida. Era tão surreal tudo aquilo, vários *flashes* da minha vida se passando bem diante dos meus olhos, e foi quando ouvi uma voz serena vinda por trás:

– Consegue ver?

De súbito olhei para trás e não vi nada, mas a voz continuou:

– Você consegue ver para onde suas escolhas a levaram? Por que está tão confusa? Você já conhece os dois caminhos, não precisa mais sofrer, o que passou, passou! Pare de se autoenganar, não permita que o seu Ego a domine, pois você já sabe como controlá-lo! Abrace suas sombras, pois elas também fazem parte de você e são essenciais para a construção de quem você é! Libere toda a mágoa e todo o rancor que estão presos em seu arquivo de memó-

Prefácio 13

ria, porque as suas escolhas passadas foram feitas embasadas no que você ainda não conhecia! Não se culpe e pare de ser condescendente, de ser boazinha! Cada um colhe o que planta e você já colheu todo o fardo dessa experiência passada! Não precisa mais tolerar nada que não esteja de acordo com o que você realmente quer. A bondade está acima da subserviência, você precisa desconstruir o conceito equivocado de ser boa, senão ficará presa nas correntes do Ego. Agora precisa seguir em frente, senão será escravizada pelas atitudes do passado e tudo o que fizer a levará ao mesmo ponto de partida, o sofrimento! A sua intuição lhe mostrará o caminho!

Dizendo essas últimas palavras, a voz desapareceu e eu acordei em um solavanco, assustada, com a sensação de que fosse cair. Passados alguns segundos me dei conta de que estava segura em minha cama, e o dia já estava nascendo. Ainda atordoada com o sonho que acabara de ter, permaneci deitada refletindo sobre o ocorrido e antes que pudesse organizar os meus pensamentos uma frase veio em minha mente: "Cansei de ser boazinha!".

Como se um clarão invadisse todo o meu corpo, senti um arrepio que me percorreu dos pés a cabeça e, antes que pudesse ter qualquer reação, os meus pensamentos foram se encaixando como um imenso quebra-cabeça. Tudo passou a fazer sentido, o bloqueio (não conseguir dar continuidade ao livro que estava escrevendo), as decisões (metas, projetos, conceitos), o evento (que intimamente já sabia que ia acontecer), a minha reação (a limpeza consciencial), o sonho (o *insight*). Eu estava no meio de um processo há mais de um ano e não poderia dar seguimento ao meu projeto (livro em desenvolvimento) antes de passar por todas as etapas, e foi então que compreendi o que tinha de fazer. "Fechei para balanço", passei a buscar em minha essência as respostas para o que estava acontecendo comigo, afinal, se tudo o que ocorre conosco é consequência de nossas escolhas, sejam elas atrativas ou permissivas, conscientes ou inconscientes, eu era responsável por estar vivenciando aquele "inferno", só precisava encontrar a ponta do *iceberg* e ele viria à tona.

O *insight* – a frase "Cansei de ser boazinha!" levantou uma questão que me remeteu a vasculhar todas as fases da minha vida, e depois de muito refletir, eu percebi que passei boa parte vivendo em função das outras pessoas, sendo o que os outros esperavam de mim, abrindo mão, muitas vezes, do que realmente almejava. Mas ainda assim, por conta de minha teimosia, entre erros e acertos, já que não tinha consciência do poder das minhas escolhas, consegui realizar vários sonhos. O que não me livrou do padrão que criei lá atrás na juventude, de ser aquela pessoa amável, prestativa, "boazinha", da qual todos costumavam se aproveitar de alguma forma, e com isso arquei com as consequências dessa bondade mascarada, pois na realidade era uma fraqueza. Fui manipulada, excluída, magoada, usada, anulada e de tanto caminhar pela estrada da dor, fui amadurecendo calejada, acreditando que a vida era assim. Não pense que a minha vida foi só sofrimento, eu tive muitos momentos maravilhosos dos quais enfrentaria toda a dor para vivenciá-los novamente. O que quero dizer é que por não estar DESPERTA, criei em minha vida um padrão vicioso (entre outros), que me manteve no sono da ignorância por muito tempo, tempo esse que poderia ter sido trilhado pelo caminho do amor, mas por não ter discernimento não o enxergava, pois estava vendada pelo meu Ego (mental). Eu adquiri um dos piores padrões entre tantos que existem no mundo, o padrão do SIM, que mesmo sabendo e querendo dizer NÃO, acabava consentindo, o que me distanciou da minha essência e dos meus sonhos por longa data. E mesmo com todos os anos de estudo e pesquisa sobre o comportamento humano, sobre o autoconhecimento, ainda assim caí nas teias do Ego. Claro que hoje não é como na minha juventude, mas como relatei anteriormente, o nosso arquivo de memória trabalha como nossa defesa quando não temos lucidez para enfrentar os fantasmas que vamos criando ao longo das nossas vidas e

Prefácio

eu não sou uma exceção, também tenho os meus fantasmas, que de tempos em tempos se mostram, dando-me a oportunidade de enfrentá-los e dissipá-los definitivamente da minha vida.

O bloqueio, as decisões e o evento foram apenas coadjuvantes nesse processo de despertar, o que foi elevativo, no meu caso, foi a oportunidade dada a mim. Romper definitivamente com o padrão vicioso do SIM e me libertar de tudo que me impede de seguir em meus propósitos, de manter o alinhamento à minha essência e ao meu amor-próprio. E esse presente me foi dado pelo merecimento de estar em sintonia com o que acredito, com o que desejo e com o mais nobre sentimento: o Amor. Por essa razão decidi escrever este livro que está em suas mãos, para que você possa despertar a sua essência e, assim como eu, domar o seu Ego e se libertar das amarras que esse padrão tão prejudicial causa em sua vida.

O outro livro que estava em desenvolvimento? Eu tive de deixá-lo temporariamente de lado para poder me entregar de corpo e alma a este projeto! Como o meu trabalho é totalmente intuitivo, as mensagens que recebo não vêm prontas e ordenadas, justamente para que eu as identifique em meu processo, pois não poderia simplesmente passá-las sem antes vivenciá-las. Aquele velho bordão que diz "faça o que eu falo e não o que eu faço" não se aplica ao contexto da minha vida. Existe um comprometimento, uma responsabilidade intrínseca quando se trabalha com a missão de ajudar o próximo, e para mim é de suma importância a veracidade das minhas palavras, porque sei o peso que uma palavra tem na vida de alguém. Partindo dessa premissa quero que saiba que todos os relatos são verdadeiros e as técnicas que disponibilizo foram experenciadas por mim, e que o conteúdo deste livro que está em suas mãos foi amorosamente pesquisado e inspirado para você, assim como eu, poder se alinhar à sua essência feminina, libertando-se de tudo que a impede de ser realmente quem você é!

Introdução

Você faz todas as vontades dos seus filhos, mesmo que não concorde na maioria das vezes e depois se arrependa? Seu marido vive dizendo que vai lhe ajudar com as crianças e com a casa, mas sempre dá um jeitinho de fugir, ou quando a convida para sair, sempre chega cansado com uma pizza nas mãos, sugere que vejam um filme, e você acaba cedendo, frustrando-se como mulher?

E na hora do sexo? Uma ruguinha surgiu em sua testa? Essa palavra ainda é um tabu para você? Como você explora a sua sexualidade? Você fala sobre sexo com seu marido ou namorado? Conversa com ele sobre suas fantasias ou preferências, ou é daquelas mulheres que quando o parceiro chega ao ápice e você não, sente-se constrangida de dizer que não teve um orgasmo e encena para que ele não perceba, com medo de estragar a noite? Que noite, se você abriu mão de um direito seu? Afinal, sexo só é gostoso quando ambos se entregam, sem vergonha de dizer ao outro como é mais prazeroso para si, quais são os seus desejos mais íntimos, não é mesmo?

Seus colegas no trabalho sempre a diminuem nas reuniões e você sempre releva dizendo ser espirituosa e levando na brincadeira, mas no fundo se magoa profundamente? O seu chefe tem o hábito de escolher você para trabalhar até tarde, ou lhe sobrecarrega de funções próximo ao término do expediente, e você consente com medo de ele interpretar a sua recusa como desinteresse pela empresa?

Suas amigas é que decidem o que vão fazer quando se reúnem e o trabalho acaba sempre sobrando para você porque se coloca na condição de prestativa, ou quando as encontra só querem contar suas façanhas ou tragédias, fazendo você de psicóloga, porém a sua palavra jamais é ouvida e mesmo estando triste por algum motivo disfarça, pois elas sempre dizem que você é a fortaleza do grupo?

Quando sai de férias nunca consegue descansar por estar com os filhos e quando fala para o maridão sobre a possibilidade de fazerem uma viagem a dois, ele sempre faz aquela carinha de "dó", com pena de deixar as crianças, e você acaba entrando na mesma sintonia?

Você sempre se coloca em último lugar nas suas prioridades?

Nas reuniões de família é sempre você quem fica encarregada de organizar tudo e no final não recebe ao menos um "obrigado", e mesmo sendo humilhada, usada, manipulada, anulada, explorada, magoada, você como sempre releva, perdoa, aceita e faz tudo sem reclamar, ou se reclama é em pensamento, não é?

– Sinto lhe informar, querida amiga, mas você faz parte do clube das mulheres "boazinhas", ou melhor dizendo, das mulheres que mesmo quando querem dizer NÃO dizem SIM!

Nos tempos atuais isso tem outro nome, já que a palavra boazinha foi totalmente banalizada pelo sistema e se tornou pejorativa. Hoje uma mulher (ou pessoa) que só diz "sim" é tachada de manipulável, fraca e por que não dizer "otária". Cá entre nós, precisamos realmente refletir sobre isso, pois se você tem esse padrão em

Introdução   19

sua vida é porque algo está errado, porque dizer "sim" a todo momento não quer dizer que seja uma boa pessoa, e levanta a questão:

– Por que você só diz "sim", quando em seu íntimo quer dizer "não"?

Desculpe-me se minhas palavras estão sendo duras, mas tanto você como eu e milhares de mulheres ao redor do mundo estamos vivenciando esse drama em nossas vidas. O fato é que desde primórdios viemos sendo massacradas pelo sistema, o qual nos colocou em uma linha de fogo. O que nossas antepassadas eram já não nos serve mais, sob o aspecto da visão da mulher, o que aprendemos com nossas mães (nosso primeiro espelho) também já é ultrapassado, e o momento em que nos encontramos, em pleno século XXI, no qual além de todas as funções que nos competem como esposas, mães e donas de casa, agora abraçamos o outro lado da moeda, somos provedoras, trabalhamos tanto quanto os homens, e quando chegamos em casa a nossa jornada de trabalho continua. Por esse excesso de funções ficamos à mercê do tempo, que não colabora, pois hoje não conseguimos fazer metade do que faríamos em tempos nos quais a tecnologia era precária, e essa sobrecarga vem ao encontro do fato de que estamos desorientadas, perdidas, pois em meio a tantos papéis que desempenhamos deixamos de lado a nossa verdadeira essência, a nossa melhor parte, para sermos esposas, mães, donas de casa, empresárias, educadoras, motoristas, enfermeiras, amantes, amigas, companheiras. São tantas máscaras que quando nos olhamos no espelho já não sabemos mais quem somos, pois exercendo diariamente as funções que nos cabem estamos sujeitas a falhar constantemente, já que nos encontramos à beira de um colapso existencial.

– Por que dizemos sim quando queremos, devemos e sabemos que temos de dizer "não"?

Porque em algum momento das nossas vidas nos perdemos da nossa verdadeira essência e nos tornamos marionetes do sistema que nos manipulou, nos enganou, nos corrompeu e deturpou nossos valores, e passamos a seguir o que ele nos impõe como certo, que em nosso caso é extremamente errado, uma vez que estamos infelizes na maioria dos papéis que exercemos.

Você deve estar pensando:

"Mas eu sou feliz, não faço tudo o que as pessoas querem que eu faça, não deixo minhas prioridades em segundo plano!".

Eu lhe pergunto:

– Você está sendo sincera consigo mesma? Tem certeza de que não se enquadra nos exemplos que citei anteriormente?

Eu poderia ficar horas a fio descrevendo situações pelas quais você já passou, ou está passando agora, e você se surpreenderia com o quanto está cega diante da realidade em que se encontra. Mas, o importante nesse momento é que você seja honesta e faça uma reflexão da sua vida, de como você se sente em relação aos seus filhos (se tiver), ao seu marido ou namorado, à sua família, ao seu trabalho e amigos; de como você se posiciona diante das pessoas, diante de você mesma, quantos sonhos você já realizou e se não, qual o porquê de você abrir mão de algo que lhe faria bem para satisfazer a vontade do outro. Assim você terá uma visão clara de como as outras pessoas lhe veem e poderá questionar em que grau de submissão você se encontra. Quando digo "submissão" refiro-me à dependência, pois a partir do momento que está inserida nessa roda viciosa do "sim", você passa a ser dependente dela, você cria um padrão no qual a palavra "não" se torna inexistente, e mesmo quando a ocasião pede para que negue, você acaba concordando sem perceber. A isso chamamos de autocorrupção.

Autocorrupção nada mais é do que quando você justifica para si o seu ato, é o seu Ego lhe manipulando. Mas fique calma, pois no decorrer dessa leitura você vai aprender sobre ele, como

Introdução

domá-lo e como se libertar dos padrões viciosos que adquiriu ao longo da sua vida. O que resta a saber é se você está pronta para abrir mão dessa infelicidade que a consome, de todas as frustrações que vieram a partir desse padrão que afastou você da verdadeira mulher que é, de mudar radicalmente a visão deturpada que tem do mundo onde vive e assumir, a partir de agora, uma postura de vida que vai não somente beneficiar a si mesma, mas a todos que estão à sua volta.

– Está pronta para embarcar nessa viagem para dentro de si mesma? Lembre-se de que não estará sozinha, pois eu vou conduzi-la nessa jornada, mas haverá momentos difíceis, de autoenfrentamento, em que seu Ego se manifestará tentando fazê-la recuar. Você terá de ser corajosa, terá de buscar forças que nem imagina ter, porém, quando chegar do outro lado da ponte, se surpreenderá em ver o quanto é forte. Sairá dessa experiência renovada, livre, e seu coração resplandecerá trazendo-lhe uma paz jamais sentida antes, e quando tiver de dizer não, encherá os seus pulmões e, sem ônus de culpa, dirá um sonoro e bem articulado:

– NÃO!

– Cansei de ser boazinha!

O Efeito

Século XXI, tempos modernos, tecnológicos, onde quase tudo se consegue apertando algumas teclas, "trazendo a praticidade para nos dar uma mãozinha", diz o sistema (sociedade), mas será que essa é a realidade?

    A Era da Tecnologia causou um salto quântico no planeta, principalmente no que diz respeito a romper barreiras, aproximando os continentes através da informação e da comunicação em tempo real, o que realmente facilitou nossas vidas. Há uns 20 anos era impossível de se imaginar que poderíamos falar com alguém em outro continente através de uma tela de computador, bem como programar praticamente toda a nossa vida sem sair de casa, e mesmo estando em trânsito, disporíamos de aparelhos móveis que nos possibilitariam estar conectados ao mundo 24 horas por dia, não é mesmo?

    Em contrapartida, a tecnologia nos inseriu em um mundo de urgências e emergências, pois passamos a viver em função dela. Essa simplicidade aparente, à qual tudo se resume em apertar algumas teclas, criou um dos piores padrões à humanidade, a *de-*

pendência, já que é impossível nos imaginarmos atualmente sem a tecnologia em nosso dia a dia. Essa facilidade ampliou nosso campo de visão, nossas expectativas, nossos sonhos, mas também nos aprisionou em suas teias, direcionando e manipulando nossas vontades de acordo com o que o sistema determina. O que antes era visto como benéfico manifestou efeitos colaterais, gerando um desgaste mental, físico e emocional, que ao decorrer dos anos foi se alastrando com uma proporção inimaginável.

As relações humanas foram substituídas por virtuais, o contato físico hoje é baseado em valores deturpados, em conceitos que nos foram inseridos pelo sistema, nos tornando seres vazios, individualistas, egoicos e incapazes de distinguir o real valor das relações que se entremeiam ao passo que caminhamos. Prova disso é a quantidade de lares desfeitos, de casamentos infelizes, de filhos problemáticos, de profissionais frustrados, simplesmente por não saberem mais compartilhar, dividir e respeitar o outro. Assim, essa falsa liberdade que nos foi dada tornou-nos escravos de nós mesmos, já que cada um vive em sua zona de conforto, em sua bolha, com o seu Ego exacerbado, se autocorrompendo para justificar uma ausência cuja verdadeira causa não consegue mais identificar.

O fato de tudo estar "aparentemente" ao nosso alcance apertando algumas teclas nos deu um falso poder de decisão sobre nossas vidas e nos sentimos poderosos com esse "falso" controle, fazendo com que acreditemos ser autossuficientes, mas o que não percebemos é que criamos uma dependência extremada desse novo mundo que se apresenta diante dos nossos olhos. Essa observação é tão surreal por, no fundo, sabermos que estamos sendo manipulados, que estamos totalmente equivocados em nossos conceitos e valores, que estamos infelizes em nossos castelos de areia; mas mesmo assim continuamos acorrentados ao sistema, permitindo que ele nos controle e nos afaste cada vez mais de nós mesmos. Quando eu digo "nós mesmos", refiro-me à nossa condição humana, ao fato de estarmos aqui para nos relacionar, para compartilhar nossas experiências e viver em unidade.

O problema não está na tecnologia e sim na maneira como é utilizada. Tudo tem dois lados, dois polos, vivemos em um planeta dual e tudo, sem exceção, se aplica a essa máxima. A verdadeira questão a ser refletida aqui é:

– Onde você está nesse contexto todo? Como a tecnologia beneficia ou prejudica a sua vida e até que ponto você está acorrentada ao sistema? Compreende?

É preciso fazer uma reflexão sobre essa temática, já que ela faz parte das nossas vidas e não há como fugirmos pela tangente, ou fazermos de conta que o problema não existe, porque o tempo não para, tudo é para ontem e nesse contexto de urgências e emergências, no qual, por mais que a tecnologia tenha nos trazido praticidade, ainda ficamos em débito com todas as funções que exercemos diariamente. Estamos sujeitos a sentir na pele as consequências de não nos posicionarmos perante essa realidade, basta observar a quantidade de pessoas em consultórios médicos buscando ajuda para um mal que vem se tornando comum entre o meio, o estresse (crise existencial).

Você deve estar se perguntando nesse momento:

– Mas o que isso tem a ver com o tema principal deste livro: "cansei de ser boazinha"?

Eu lhe respondo com o maior prazer:

– Tudo, pois um dos principais motivos de a situação estar como está hoje é exatamente a entrada da Era Tecnológica! Embora estejamos vivenciando uma época de transição de era, nós ainda sentimos em nossos poros os efeitos que a evolução tecnológica nos causou. Levará um bom tempo para nos libertarmos de todos os padrões criados por esse sistema e, para isso, é necessário que você compreenda onde está nesse processo!

Tudo no Universo é dual, tudo tem dois lados, duas faces, sem exceção. Positivo e negativo, dia e noite, alto e baixo, doce e amargo, água e fogo, masculino e feminino, bem e mal, tudo se completa, tudo se encaixa. Se não houvesse essa dualidade seria impossível existir a vida, assim é do micro para o macrocosmo e vice-e-versa. Mas, para tanto, há de existir o equilíbrio entre essas polaridades, senão tudo seria um verdadeiro caos. O que ocorre atualmente é exatamente isso, essas polaridades estão à beira de um colapso e é preciso urgentemente que se reequilibrem, para entrarmos novamente em harmonia com o TODO. Quando digo "todo", refiro-me a nos harmonizar com nós mesmos primeiramente e, por conseguinte, com as pessoas, com o mundo e com o Universo. Para que isso ocorra é necessário que cada um de nós, sem distinção de sexo, crença ou idade, alinhe-se ao seu eixo de sinergia com o Universo.

– O que isso quer dizer?

Que esse alinhamento só é possível se você se conhecer verdadeiramente, é um alinhamento que acontece de dentro para fora, do micro para o macrocosmo. De você para você mesma e depois de você para o mundo. O autoconhecimento lhe trará

O Efeito

todas as ferramentas necessárias para que se desprenda desse sistema corrompido e defasado, pois quando você compreender a sua essência e ouvir a voz que vem da sua alma, se sentirá plena e livre, e essa dependência que hoje lhe causa imensa dor se dissipará, os velhos padrões que lhe impediam de entender a dinâmica da vida serão eliminados e o que antes era suportável não existirá mais, pois você passará a ter prazer de estar onde está, ao lado das pessoas que ama, fazendo o que realmente gosta, não mais sobrevivendo e sim vivendo intensamente a vida.

A Origem

A causa

Desde que o mundo é mundo, o poder vem sendo disputado entre os homens (seres humanos), o que acarretou, ao longo da História, a luta incessante para se estar no topo da pirâmide. Vale ressaltar quantas vidas custou esse desejo de superioridade, de controle, já que desde os primórdios estão registrados infinitos massacres e guerras pelo poder. Nos dias atuais não é diferente, mudaram os cenários, as formas de combate, mas ainda assim o poder é o grande vilão que corrompe o coração humano, basta ligar a televisão para ver essa realidade nua e crua, nos noticiários por todo o planeta. O que já era de se esperar, visto que a grande máquina que manipula a humanidade (sistema) trabalha em prol de uma minoria que comanda tudo de cima, a chamada "Indústria do Medo", e ela não joga cartas ao vento, tudo é minuciosamente estudado para nos controlar, nos manipular e nos conduzir de acordo com os interesses dela. O resultado dessa equação são milhares de pessoas em todo o planeta vivendo conforme as normas impostas por aqueles que detêm o poder, automatizadas, hipnotizadas por seus Egos (mental), que ditam as regras do sistema e constroem o caráter humano embasado em conceitos egoicos, individualistas, onde o outro é uma ameaça e não um "igual".

A matemática do sistema é movida na premissa básica de:

"Todos por um"

– O que isso quer dizer?

Que somos marionetes do sistema, induzidos a acreditar que é assim que tudo funciona, que somos partes da grande máquina que move e sustenta o mundo. Porém essa grande máquina não visa ao bem-estar da humanidade, fato é que para onde quer que se olhe há desigualdade, sofrimento, miséria e fome. Não podemos mais tolerar que nos manipulem, que nos ceguem para a atual realidade. Temos de despertar desse sono hipnótico que nos corrompe, que nos faz ser coniventes com essa crueldade que nos cerca, e fazer valer o nosso direito como seres humanos que somos. Todos nós temos o direito de viver com dignidade, respeito e união. Para isso acontecer é preciso romper com tudo que nos distancia de quem realmente somos, das crenças, dos dogmas, dos padrões que foram a nossa base até agora, pois o sistema está atrelado a tudo que aprendemos até aqui.

"É preciso desconstruir para construir."

Não será fácil essa empreitada, uma vez que o desconhecido nos causa medo, mas aos poucos tudo lhe parecerá familiar e a partir da base, da fundação, você construirá não mais um castelo de areia, suscetível a desmoronar na primeira ventania, e sim um templo sólido, real, embasado na sua essência e alicerçado no mais nobre dos sentimentos, o Amor.

"Porque só por intermédio do amor
se constrói uma vida."

A partir daí, tudo o que fizer será de você para você (amor próprio), de você para os outros e de você para o mundo, não mais violando a Ordem Universal, pois estará em sintonia direta com o TODO, na direção natural da sua essência e não fará mais parte dessa *matrix*, porque estará desperta e consciente. Mas não se preocupe em se sentir um peixinho fora da água, você transitará pelo mundo da ilusão e pelo mundo real sem riscos, nem sequer será notada, a não ser por outros que também estejam despertos, pois os que estão dispersos e inertes encontram-se robotizados pelo sistema e serão incapazes de perceber a diferença. O que quero dizer é que você não abrirá mão da sua vida, do seu trabalho, de familiares e amigos, aparentemente tudo será igual, a sutileza da mudança ocorrerá dentro de você, em seu modo de ver o mundo daqui para a frente, em como conduzirá os seus atos e a sua vida, e posso lhe dizer que, embora aos seus olhos isso seja algo insignificante, será um divisor de águas em sua vida. O fato de estar desperta, de romper com o sistema, de domar o seu Ego e de embasar as suas escolhas na sua essência causará uma sensação jamais percebida antes, esse é o verdadeiro sentido do poder, de estar em união consigo mesma, e a partir daí emanar esse bem-estar a tudo e a todos.

"Um por todos e todos por um."

É como o Mestre Jesus sempre pregou em sua vida, amar aos outros como a si mesma, e isso só será possível a partir do momento em que você se amar verdadeiramente, pois se não se amar, como poderá amar o outro? Então agora levanto a questão:

– Você se ama o bastante para romper com tudo o que lhe faz mal, com tudo o que lhe causa sofrimento e dor?

Automaticamente lhe vem à mente:

– Como não estaria preparada para romper com tudo que me faz sofrer? Claro que estou!

É uma reação instintiva da mente agir sem reflexão, porque ela ativa as sensações básicas, primárias, mas quero que você acesse nesse momento a sua vontade essencial, aquela que vem da sua alma, do seu Eu Interior, pois é exatamente aí que encontrará a resposta para essa questão. Quando digo "amar-se o bastante para romper com tudo que lhe causa dor e sofrimento", refiro-me a transitar por caminhos obscuros do seu ser, caminhos que a sua mente desconhece, pois o seu arquivo de memória os excluiu temporariamente, para que você possa sobreviver, e a

A Origem

partir do instante em que você decidir se autoenfrentar, todas as portas serão abertas e os seus piores fantasmas se manifestarão justamente para que possa dissipá-los de uma vez por todas da sua vida. Compreende?

Eu sei que parece assustador, mas quando iniciar a sua jornada encontrará ao longo do caminho todas as ferramentas necessárias para essa viagem.

Onde Estamos

A Era Industrial foi o primeiro grande marco para nós mulheres, com a entrada do feminismo, quando nossas antepassadas lutaram para que hoje estivéssemos à frente de nossas vidas, independentes, fazendo valer a nossa voz e os nossos direitos (profissionalmente). Claro que ainda estamos longe de dizer que somos iguais perante os homens, falando-se em direitos, porque conquistamos o nosso lugar ao sol, mas ainda nos sobrecarregamos com as infinitas funções que já exercíamos e passamos a ser cobradas por esse sobrepeso. Como assumimos o papel de provedoras, abrimos a guarda para o julgamento e se falhamos somos rotuladas de incapazes, o que gera um desgaste emocional, já que vivemos em alerta o tempo todo para não cometer erros. O que lá atrás parecia um sonho se realizando tornou-se um pesadelo, porque por mais que desempenhemos com primor todas as funções que nos competem, ainda assim ficamos em débito, e essa dívida cedo ou tarde nos será cobrada. Mas nesse caso o cobrador somos nós mesmas, visto que em meio a tantos papéis fomos esquecendo do principal: ser mulher.

Com a entrada da Era Tecnológica fomos fisgadas e ficamos à mercê do deslumbramento que ela nos proporcionou, arcando com as consequências da tão sonhada praticidade. Acreditamos que teríamos as ferramentas necessárias para nos dar suporte em nosso processo de evolução (feminismo), mas em meio a tantas facilidades e novidades que o sistema diariamente nos apresentava, fomos nos corrompendo e aceitando a sua cólera. A "Era do Eu" se instalou com a rapidez de um trovão, e com o passar do tempo todos nós, sem distinção de sexo, nos tornamos egoístas e individualistas, querendo cada vez menos interagir com as pessoas, a não ser por meio do computador, já que estamos seguros em nossos lares e protegidos por uma tela. De início abrimos mão da companhia dos amigos, depois dos familiares e por fim nos isolamos do mundo. Tanto é fato que hoje é cada vez mais comum numa casa as pessoas estarem em seu mundinho particular, se privando de estarem juntas compartilhando suas experiências diárias. É exatamente aí que se desencadeou o problema que estamos vivendo, nos fechamos para o convívio em grupo, familiar ou social e perdemos a noção dos valores de família, de pais, de filhos, causando uma imensa fenda nas relações humanas.

Você deve estar pensando:

– Ah, essa escritora está delirando! Como assim Era do Eu? Não sou egoísta e não me privo de estar ao lado das pessoas!

Agora eu lhe pergunto:

– Será? Você pode até não se privar de estar entre as pessoas com quem convive, mas realmente está presente de corpo e alma em suas relações? Em seu íntimo não deseja ficar em seu canto, protegida, como a maioria das pessoas, atrás da tela de um computador, fantasiando uma vida perfeita, a qual está bem distante de ser a sua realidade? Quantas vezes por semana você para o que

Onde Estamos

está fazendo para se dedicar ao outro inteiramente, seja namorado, marido, filhos, pai e mãe, irmãos ou amigos?

Na Era Industrial as pessoas precisavam umas das outras para concretizar os seus objetivos, não existia o computador, a Internet, o coletivo reinava tanto no ambiente profissional como no familiar e pessoal. As pessoas estavam sempre interagindo, trocando experiências, informações, já que tudo era mais moroso para acontecer, os meios de comunicação eram limitados e por isso existia esse elo entre as pessoas. Já na Era Tecnológica, basta um "teclar" e o mundo se abre bem à frente dos seus olhos, limitando assim a necessidade do convívio, da interação e de se locomover para se atualizar ou cumprir a maioria dos afazeres que antes exigiam esforço e tempo. Por um lado da moeda foi extremamente positivo, facilitou o nosso dia a dia em muitas questões, mas por outro lado, a geração que nasceu nessa era não aprendeu o real valor das relações humanas, e nós da geração anterior ficamos perdidos nessa transição, já que tivemos de nos adaptar ao novo contexto do sistema, criando nossos filhos nesse novo patamar tecnológico.

Uma das graves consequências dessa transição é uma geração com valores embasados no individualismo, no imediatismo e sem perspectiva de vida, pois nasceram inseridos num mundo onde se acredita ter a solução apertando uma simples tecla (imediatismo), e nós sabemos que não é assim. Tudo na vida demanda um tempo para se construir, para se realizar, há de se ter metas, objetivos e se empenhar para alcançar o que é almejado, e para quebrar esse paradigma de urgências e emergências, de querer tudo para ontem é preciso ter muito conhecimento de si mesmo e muita força de vontade. E para orientar nossos filhos precisamos, antes de qualquer coisa, acordar do profundo sono da ignorância ao qual fomos induzidas e despertar a nossa essência, rompendo com todos os padrões que nos trouxeram até a beira desse abismo chamado ILUSÃO. Digo ilusão porque tudo a nossa volta é irreal, e para que enxerguemos a verdadeira realidade precisamos "desconstruir" a imagem que temos de mundo. Gosto de usar o termo *"matrix"* para explanar essa ilusão, porque nos fizeram acreditar que para sermos felizes precisamos correr atrás para encontrar, exteriorizando esse sentimento, quando na verdade ele está dentro de nós. Não se pode comprar a felicidade, pois felicidade não é uma condição e sim um estado de espírito, portanto antes do TER é preciso SER: ser feliz, e não ter felicidade, ser próspera, e não ter prosperidade, ser saudável, e não ter saúde. Compreende?

Para o seu conhecimento, na atual conjuntura, a Era Tecnológica está abrindo espaço para a nova era que se adentra, a Era da Espiritualidade, onde o "eu" está sendo substituído pelo "nós". Está ocorrendo uma transição planetária, onde estamos vivenciando um período de sombra, como se fosse a madrugada dos tempos, mas o seu ápice, o seu amanhecer já está surgindo, e nós estamos sentindo essa passagem a cada dia que passa. (Se quiser saber mais sobre o assunto, sugiro que leia o livro *2012 – A Era de Ouro** de minha autoria com o meu marido, Carlos Torres). É cada vez mais comum sentirmos uma ausência em nossas vidas que não sabemos explicar, é como se faltasse algo (ou alguém), e por não entendermos esse sentimento procuramos fora, suprir essa ausência, porém nossas tentativas são em vão, já que não conseguimos decifrar essa sensação. Na verdade o que sentimos é a nossa essência clamando por ser ouvida, por ser resgatada, para que possamos novamente viver em unidade, para que nos desprendamos do nosso Ego corrompido, que nos afasta do verdadeiro propósito de estarmos aqui nesse mundo, que é o de compartilhar, o de viver em união com todos.

Quero deixar bem claro que não estou levantando nenhuma bandeira contra a tecnologia, pois ela foi e ainda é de suma importância para a nossa evolução, o que estou colocando em questão é a necessidade de uma autoavaliação, de até onde a tecnologia é

---

*N.E.: Obra publicada pela Madras Editora.

benéfica para sua vida e onde ela acaba por afastá-la da realidade humana, que é imprescindível para termos uma vida plena e feliz, já que tudo parte da premissa de que estamos aqui para viver em comunhão uns com os outros. Porém o que notamos ao nosso redor é cada vez menos as pessoas se doando umas às outras, pois o sistema se corrompeu de tal maneira e, que se alguém se aproxima de você, o primeiro pensamento que vem à sua mente é:

– O que essa pessoa estranha quer?

Agora eu lhe pergunto:

– Por que agimos reativamente sem antes saber a verdadeira intenção de quem se aproxima? Por que estamos sempre preparados para reagir ou fugir? Quem criou esse padrão horrível que afasta as pessoas, quando deveria aproximá-las? Compreende onde quero chegar? Esse pensamento egoico, da Era do Eu, nos afasta cada vez mais do verdadeiro sentido de ser humano. Já parou para pensar que de repente essa pessoa poderia simplesmente querer lhe pedir uma informação e antes mesmo de ela se aproximar você já foi dando uma desculpa para se livrar de um possível inconveniente? Essa ação é tipicamente um reflexo da Era Tecnológica, que o sistema corrompeu setorizando as pessoas como se fossem objetos de consumo, e por isso fomos qualificando-as de acordo com a nossa visão de mundo, excluindo assim possíveis ameaças ao nosso círculo de interesses. Você consegue entender a diferença entre a Era Industrial e a Era Tecnológica?

- Era Industrial: assim como as eras anteriores (cada uma no seu grau de desenvolvimento), aproximou as pessoas pela necessidade do crescimento econômico. A indústria precisava da mão de obra qualificada, o que gerou uma corrente mútua de interesses, ampliando assim o elo entre as pessoas. É óbvio que teve suas falhas, já que o poder estava nas mãos da minoria (como ainda é hoje), mas mesmo assim, a relação humana era essencial. O TER ainda não havia alcançado o seu apogeu como o sistema idealizava, a voz da maioria (povo) sobrepujava diante das tantas tentativas de domínio, justamente pelo elo humano que existia. Nem a Segunda Guerra Mundial, que dizimou milhares de pessoas ao redor do mundo, foi capaz de aniquilar essa união existente, embora nessa fase o medo tenha passado a residir na mente humana, abrindo assim uma fenda para que o sistema se fortalecesse no futuro. Entretanto, as relações eram sólidas entre as pessoas.

- Era Tecnológica: afastou as pessoas pela demanda de produtos e afins. A indústria continua precisando de mão de obra qualificada, porém a tecnologia aliada à competitividade dominou a classe, causando uma verdadeira briga de leões, pois para se manter, o indivíduo não pode perder o seu tempo, já que tempo é dinheiro, e por isso cada um se fechou em seu mundo particular, vendo no outro uma possível ameaça, e a relação humana se torna cada vez menos essencial.

É ponto importante para concluir essa comparação de que tal transição de era foi embasada no poder (sempre o poder), camufladamente se dizendo ser pela evolução, quando na verdade o interesse fundamental do sistema era dominar a humanidade, controlando-a e manipulando-a. A melhor maneira para se fazer isso ao longo do tempo foi inserir em nossas mentes que o individualismo é o melhor caminho. Com auxílio do individualismo nos tornamos competitivos, comparativos e, por consequência dessa visão, passamos a consumir desenfreadamente para sobressairmos diante do outro; a filosofia de vida se resumiu no TER. Quanto mais se tem, mais à frente da concorrência você está, e pensando dessa forma vivemos correndo atrás de termos o melhor currículo para superar os demais candidatos, a melhor

casa da vizinhança, o carro mais potente, a escola mais cara para os nossos filhos, para mostrar o nosso *status* e consumimos, consumimos descompensadamente sem perceber que tudo o que adquirimos é para suprir uma ausência que não conseguíamos identificar. Por essa razão, esse círculo vicioso do TER vem tomando uma proporção descontrolada em nossas vidas. As relações passaram a ser superficiais e vazias, onde a preocupação evidente é manter "o inimigo" monitorado, a confiança já não existe mais, visto que todos passam a ser possíveis ameaças, e os relacionamentos são embasados em valores deturpados, como a desconfiança, a insegurança, a dependência, gerando desequilíbrios mentais e emocionais.

    A Era da Espiritualidade vem para arrancar o véu que nos impede de enxergar o verdadeiro propósito da vida, vem para rompermos esse padrão errôneo que nos causa imensa dor, pois esse vazio existencial que tentamos suprir buscando fora o que está tão próximo de nós mesmos nos provoca a reflexão:

– Por que nos sentimos tão vazios se temos tudo?

É exatamente essa a questão! Temos tudo, mas não somos esse tudo, porque o externo não pode suprir a ausência de nós mesmos, e a única maneira de preenchermos esse vazio é buscando dentro de nós o que nos falta. É como eu disse anteriormente:

Antes do Ter é preciso Ser!

Agora que compreendeu onde está em meio a essa avalanche transicional, que estamos vivenciando uma inversão de polaridades, que o "eu" está em suma decadência dando espaço para que o "nós" adentre em nossa realidade, que antes do ter é preciso ser e, portanto, é necessário rever a sua visão de mundo num contexto geral. Daqui em diante vamos passo a passo desconstruir a imagem egoica que você permitiu que o sistema lhe moldasse, para daí, com o uso de algumas técnicas e questionamentos, fazer com que você se descubra verdadeiramente, rompa com o padrão do "SIM" e passe a ter uma vida plena e feliz, trazendo à tona a sua melhor parte, para completar a mulher maravilhosa que você é!

"A mulher que habita em mim nesse momento se manifesta em essência e traz à tona todas as minhas potencialidades, para que eu possa cumprir no AQUI e no AGORA o meu propósito maior: semear o amor por onde quer que eu vá!"

Mulher de Fases

Todas nós já passamos por muitas fases em nossas vidas, e foram elas que moldaram o que nos tornamos hoje, mas sinto muito em lhe dizer, querida amiga, que a pessoa que você se tornou não é quem realmente você é.

– Como assim?

Até agora todas as suas influências foram embasadas no sistema, que a moldou de acordo com interesses específicos, e você foi convencida de que quem se tornou é a sua realidade. Mas quem realmente você é vai além dessa imagem pré-moldada vista no espelho todos os dias. Você foi "construída" nos alicerces arenosos do sistema e se convenceu de que essa imagem externa (percepção ilusória) é o que realmente é, buscando fora tudo o que o sistema dita como necessário para se manter "feliz". Dentro dessa necessidade, o sistema vai impondo o que você precisa para ter essa falsa felicidade: o corpo perfeito, o carro do ano, uma casa maravilhosa, o homem ideal, viagens, *status*, etc. E por mais que conquiste essa falsa felicidade, ainda assim se sente incompleta, porque essa necessidade não tem fim, já que o sistema

sempre estará lhe corrompendo a acreditar que precisa de mais para "ser feliz" e isso se repetirá infinitas vezes, pois você está cega diante da realidade que se apresenta, nunca conseguindo ser verdadeiramente feliz.

Não estou dizendo que você não possa ter um corpo escultural, um belo carro, uma casa maravilhosa, desejar um homem lindo, ter *status* em sua vida. Você pode e deve querer o melhor, desde que esse "melhor" não seja para suprir uma ausência existencial, desde que você esteja alinhada à sua essência e que tudo o que adquirir ou desejar venha para se agregar em sua vida. Compreende a diferença?

> *"A felicidade não é uma condição, e sim um estado de espírito, ela se manifesta de dentro para fora do seu ser."*

Por estarmos inseridas nesse sistema corruptível que nos manipula ao seu bel-prazer, nós fomos expostas aos seus efeitos colaterais. Como nós mulheres somos emoção à flor da pele, nos tornamos um alvo fácil, e por essa razão a nossa personalidade oscila constantemente, por isso o termo "mulher de fases". Um dia acordamos com o espírito esportista e nos acabamos na academia, no outro incorporamos a executiva e ligamos o piloto automático, depois a dona de casa com as infinitas tarefas domésticas, a mãe prestativa que faz tudo para os filhos, a moderna, a recatada, a desleixada, a zen, a revolucionária, a sensual, e assim vamos nos reinventando, para tentar suprir essa ausência, essa insatisfação que nos consome. E para essas tantas mulheres que criamos, montamos um arsenal de alegorias, que passada a fase, se amontoam em nosso guarda-roupa como troféus de consolação, por tentativas ridículas de termos a tão sonhada felicidade.

Pare de tentar ser quem você não é! Pare de buscar fora o que está dentro de você! Não precisa provar nada a ninguém, nem se mascarar para ser aceita, e se você age dessa forma está redondamente equivocada! A única pessoa a quem está enganando é você mesma! Está na hora de acordar desse sono profundo da ignorância que lhe impede de enxergar quem realmente você é, pois a sua melhor parte está obscurecida pelo véu do Ego que lhe corrompe e lhe faz acreditar que necessita de máscaras para ser aceita, para ser amada, para ser desejada! Acorde, querida amiga, não permita que o sistema lhe impeça de ser a mulher maravilhosa que você é!

Eu posso lhe dizer com conhecimento de causa, pois também já estive do outro lado, eu também já me mascarei para ser aceita, para ser notada e paguei um preço alto por isso. Teve uma fase da minha vida em que caí nas teias da depressão, e só eu sei o quanto foi difícil sair dessa tormenta estando dispersa, já que na época não tinha o entendimento que tenho hoje. Mas quando despertei e as máscaras do Ego caíram, foi um momento ímpar em minha vida, pois os meus olhos puderam enxergar pela primeira vez a verdadeira mulher que eu SOU, e foi então que me amei de verdade. Entretanto tinha muito a fazer, pois o fato de despertar não me libertou dos padrões que criei ao longo da minha caminhada, mas estar desperta me deu forças suficientes para seguir, e com o passar do tempo, de acordo com a minha evolução, as provocações vieram para que eu me autoenfrentasse. Pouco a pouco fui superando e desconstruindo aquela imagem, para que a minha essência se manifestasse, e hoje, por mais que seja tentada a cair nas teias do sistema novamente, já estou apta a identificar suas armadilhas, portanto "as fases" que antes moldavam minha personalidade temporariamente já não existem mais. O que é libertador para alguém como eu, que já vivenciou situações extremadas de personalidade (fases), por não ter acesso ao autoconhecimento, uma vez que minha vida era voltada ao Ego (sono profundo da ignorância).

Eu nasci em uma família de classe média e católica, na qual os valores da Igreja eram o nosso alicerce e a visão limitada do nosso padrão financeiro ditava os nossos sonhos. Aliás, cresci acreditando que na vida tudo seria difícil e moroso, mas por ser romântica e sonhadora desde pequenina, esse padrão nunca me impediu de sonhar. Quanto à religião, foi a minha base e sou imensamente grata aos meus pais por me deixarem essa herança em vida, porque foi o início da minha busca por esclarecimento. Como sempre fui uma criança curiosa, essa curiosidade levou-me na adolescência a desenvolver um senso de observação muito aguçado, o que fez com que me tornasse questionadora, e foi então que iniciei a minha jornada rumo ao desconhecido, buscando suprir um vazio existencial ao qual não sabia definir, e depois de muito procurar fora, com o tempo e vivência, a minha verdade foi se revelando a partir do momento que fui amadurecendo. Entre erros, acertos e muita pesquisa eu fui descobrindo e compreendendo que existiam forças ocultas que nos manipulavam ao seu bel-prazer, e mesmo estando ainda dispersa, tinha lapsos de lucidez (*insights*) que me fortaleceram no processo de despertar. Mas foi na fase adulta que tive discernimento suficiente para arrancar o véu que me impedia de enxergar com os olhos da alma e tudo começou a se encaixar, como um imenso quebra-cabeça. Tudo fez sentido, as minhas escolhas embasadas no Ego (mental), e que eram manipuladas por essas forças ocultas (sistema), até então desconhecidas, os atalhos que me desviaram por longo tempo do caminho que eu predeterminei antes de nascer, e no instante em que literalmente "surtei" (em meados de 1997), a minha essência emergiu das profundezas do meu ser e a escuridão se iluminou.

No início de 1998, Deus me presenteou com a oportunidade de reencontrar o meu companheiro de jornada (meu marido) e foi então que nos unimos em propósitos e missão. De lá para cá enfrentamos muitas provações, mas juntos sempre conseguimos superar as vicissitudes da vida, porque o nosso despertar pleno só se deu em meados de 2006, quando abandonamos as nossas carreiras e passamos a nos dedicar integralmente à área literária, pois foi o caminho que encontramos para levar o esclarecimento e a palavra (nossa missão de vida).

Relatei essa passagem da minha vida para que você compreenda que todos nós estamos no processo do autoconhecimento. Alguns já despertaram e outros ainda não, mas todos nós já passamos ou estamos passando por essa sensação de vazio e isso é natural, já que não nos ensinaram desde cedo que não somos um pedaço, mas que somos unos em essência e que para sermos inteiros precisamos romper com tudo que nos impede esse alinhamento (corpo, mente e espírito). Para tanto, será necessário coragem para se autoenfrentar e domar o Ego e suas máscaras, fé para não esmorecer ao longo do caminho, que será repleto de provações, e a vontade de verdadeiramente se conhecer. Mas quando chegar ao fim da sua jornada, valerá a pena, porque a sua alma, a sua essência, resplandecerá à Luz da sua verdade e nada será capaz de corrompê-la novamente.

– Pronta para romper com tudo que lhe faz mal?

Agora faremos um exercício que lhe permitirá identificar as máscaras usadas por seu Ego para lhe corromper, e a partir daí, no decorrer dessa leitura, vamos desconstruindo-as uma a uma, até que a sua personalidade (essência) se revele. Essa técnica vai levá-la a se conhecer verdadeiramente, e a perceber como você foi ao longo do tempo se distanciando de quem realmente é. Será um grande divisor de águas em sua vida, pois daqui em diante toda vez que o seu Ego tentar lhe mascarar para inseri-la no sistema novamente, você o detectará de imediato e poderá domá-lo antes que ele se manifeste.

Caindo as Máscaras

Procure um local onde não será interrompida, posicione-se de forma confortável e relaxada. Respire profundamente. Respire pelo nariz e solte o ar pela boca lentamente. Repita algumas vezes até que sinta o seu corpo relaxar. A cada respiração visualize todas as partes do seu corpo relaxando, os pés, as pernas, as genitálias, o abdômen, o peito, as costas, os braços, as mãos, o pescoço e a cabeça. Assim que se sentir completamente relaxada diga em pensamento:

– A partir de agora eu dou a voz de comando à minha essência divina, para que me revele tudo o que necessito em prol do meu bem-estar físico, mental, emocional e espiritual, para que em pura sintonia com a Energia Suprema eu desconstrua todas as imagens egoicas que me prejudicaram até hoje, e possa seguir lúcida o caminho que eu realmente escolhi! Que assim seja!

Agora libere amorosamente qualquer pensamento que lhe vier à mente e se concentre em sua respiração, pois nesse momento é a sua essência quem está no comando, o seu Ego não pode lhe corromper, porque ele está domado e você está segura das suas influências. Se ele tentar se manifestar, você automaticamente o identificará posicionando-o em condição de espectador; ele não terá poder sobre você porque você é soberana em seu propósito maior.

Mantenha-se focada em sua respiração e, relaxada, sinta o ar entrar em seus pulmões e sair. É a vida que circula em seus pulmões, em seus poros, em suas veias e por todo o seu corpo. Nesse instante você está plena, calma e em conexão direta com a energia que tudo provê, a Energia Suprema do Universo e é por meio dessa conexão que faremos as curas necessárias para que deixe todas as suas máscaras caírem, permanecendo somente o seu verdadeiro eu, a sua essência, quem realmente você é.

Vamos iniciar uma pequena viagem através do passado, para que você compreenda em que momento permitiu que o sistema lhe corrompesse, fazendo com que o seu Ego se facetasse em várias máscaras lhe distanciando do seu eixo de sinergia com o Universo, com o Todo, e para isso quero que você busque em seu arquivo de memória lembranças da sua infância, de quando você era pura ingenuidade, pois é nessa fase que a memória da alma ainda está ativa e é nela que lhe será revelada o real propósito de estar aqui. Procure se lembrar com riqueza de detalhes das brincadeiras, de como você era feliz, de como interagia com as pessoas à sua volta, e ouça o que a sua parte criança tem a lhe dizer. Se as lágrimas correrem por sua face, permita-as, não as contenha, porque faz parte desse processo, é a sua alma chorando de emoção por você permitir esse encontro tão ímpar para o seu crescimento como SER humano.

Depois que obtiver as informações necessárias e matar a saudade da sua criança interior, despeça-se num forte abraço e deixe-a retornar ao seu passado, pois agora você irá ao encontro daquela adolescente ansiosa por entender essa passagem tão difícil que é essa etapa da vida. Receba-a amorosamente, porque ela precisa do seu carinho, já que foi nessa fase que você permitiu que o sistema lhe manipulasse, e por não ter conhecimento caiu nas armadilhas do Ego, que lhe moldou conforme foi aceitando

Caindo as Máscaras 51

as influências externas, conforme foi terceirizando as suas escolhas, e por essa razão você deve perdoá-la de todo coração e alma, pois ela não sabia o que estava fazendo. Ouça o que essa garota assustada tem a lhe dizer, depois se despeça num caloroso abraço e diga a ela que retorne ao seu passado em paz. Mais à frente está aquela jovem cheia de padrões e vícios que o sistema implantou como sendo o comportamento correto de uma moça da "sociedade". Da mesma forma seja cordial em sua recepção, pois ela também não tinha consciência dos seus atos e agiu por impulso; muitas vezes foi coagida a acreditar que o sofrimento fazia parte da vida e trilhou por caminhos tortuosos, mas agora você pode consolá-la, dizendo a ela que fez o melhor e que você a compreende e a perdoa. Agora se despeça da sua juventude enlaçando-a em seus braços e continue caminhando, pois logo à frente está a sua parte mulher, a sua parte mais recente, tão cansada, tão perdida e esgotada que não tem forças de chegar até você. Vá ao encontro dela, que necessita tanto do seu apoio nesse momento, porque ela carrega tantas máscaras que mal suporta se manter em pé. Embora você já esteja consciente, ela ainda

não está e sofre por não entender o sofrimento que a envolve. Aproveite para ampará-la e esclarecer o porquê de tanta dor, visto que você agora sabe onde tudo começou, onde a fenda se abriu e o Ego veio à tona, distanciando você da sua essência. Amorosamente desperte-a desse sono profundo, arranque o véu que a impede de enxergar com os olhos da sua alma e traga-a para a sua Luz, libertando-a de todo o sofrimento e de toda dor. Feito isso se despeça da sua parte adulta, para que ela retorne ao seu passado-presente iluminada pela Luz da sua verdade.

Agora que você já descobriu onde tudo começou, onde a sua essência foi oculta por seu Ego deslumbrado pelo sistema, vamos desconstruir todas as máscaras que veio usando desde então, para que permaneça apenas a parte real de você, a mulher que tanto clama por ser ouvida, e a partir daí, embasada na Luz da sua verdade, a sua essência se manifeste.

Visualize uma sala repleta de espelhos e nela todas as máscaras que usou durante todos esses anos, a esportista, a recatada, a revoltada, a moderna, a fútil, a sensual, a revolucionária, a executiva, a dona de casa, a mãe, sejam elas quais forem, e dê a voz de comando para que todas elas se unam em círculo no centro da sala, para que possam ver umas às outras através dos espelhos.

Agora visualize uma Luz intensa envolvendo-as uma a uma, a ponto de quase cegá-las por tamanha magnitude. Essa luz é a Luz do Perdão, que aos poucos vai curando, vai transmutando toda a dor que cada uma delas lhe causou, e com a força do Amor Maior você vai se despedindo e perdoando uma a uma, pois elas fizeram parte do seu processo de despertar. Inconscientemente você as criou através do Ego e permitiu que lhe moldassem até aqui; de uma forma simbólica elas foram "muletas" nas quais você se apoiou para sobreviver enquanto esteve dispersa, porém já não precisa mais de muletas, pois você acordou do sono da ignorância, que lhe impedia de enxergar com os olhos da sua alma. Então, agradeça a oportunidade de estar desperta e de se libertar de tudo que lhe causa imensa dor e amorosamente ordene que todas essas máscaras se dissolvam e sejam consumidas pela Luz do Perdão.

A partir de agora permanece somente a sua essência refletida em você, o seu *eu interior* se manifesta em vida e se alinha à Fonte Suprema. O seu Ego está domado e você já não se abastece mais do externo, do sistema, pois a Luz da sua verdade é que a alimentará daqui em diante, você está no comando e não permitirá que os outros a manipulem ou a corrompam, porque você está desperta e em sintonia com a sua essência, que fala com você por intermédio da sua intuição. Você já escolheu o seu caminho e nele não existe dor nem sofrimento, só o amor permanece vivo em seus pensamentos, palavras, ações e escolhas. Você é Amor em manifestação aqui na Terra e todos serão envolvidos na sua Luz.

Respire profundamente e solte o ar pelo nariz. Lentamente você vai tomando conhecimento do seu corpo, cabeça, pescoço, ombros, mãos, costas, peito, abdômen, genitálias, pernas e pés. Fique na posição de relaxamento e, ao poucos, como se estivesse acordando de uma ótima noite de sono, se espreguice, e sinta cada parte do seu corpo e permaneça assim o tempo que quiser.

A partir de agora você está preparada para identificar suas artimanhas e como as influências externas (sistema) agem ao seu redor, querendo corrompê-la a se mascarar novamente. Agora que despertou você ficará surpresa ao observar as pessoas à sua volta, em como elas se mascaram para ser aceitas e que isso é mais "normal" do que você imagina, porém não é natural. Esse conhecimento lhe dará um grau de percepção no qual você passará a separar "o joio do trigo", já que está consciente do mal causado pelas máscaras que adquiriu ao longo da vida; você não aceitará mais conviver com pessoas mascaradas porque sabe que indiretamente será afetada por elas.

Esse exercício pode ser feito toda vez que sentir o seu Ego querendo se manifestar. Essa ferramenta é muito poderosa para se manter em conexão com sua essência, utilize-a com sabedoria.

Sexo Frágil? Não, Senhor!

Na atual conjuntura em que nos encontramos, dizer que nós mulheres somos "sexo frágil" chega a ser uma crueldade. Nós conquistamos o nosso lugar ao sol à custa de muito pesar, e basta pesquisar um pouco sobre a luta das mulheres ao longo da História para confirmar o quanto nossas antepassadas sofreram para que estivéssemos onde estamos hoje. Mesmo vivendo os reflexos do patriarcalismo, ainda temos uma longa estrada a ser trilhada para que alcancemos o tão sonhado desejo da igualdade entre os sexos. Prova disso é que somos a maioria no mundo, estamos inseridas em todas as áreas profissionais que antes eram vistas como masculinas, cuidamos de nossos filhos, lares e ainda nos desdobramos para desempenhar todos os papéis que nos propomos a assumir enquanto provedoras. Porém os nossos direitos ainda não são iguais, e embora hoje tenhamos representantes nos mais altos e variados cargos, não conquistamos o respeito merecido. Somos admiradas, mas em contrapartida somos duplamente cobradas, já que somos mulheres e o padrão da "fragilidade" nos assombra perante a visão masculina desde os primórdios. Já avançamos muito em relação a esse preconceito, mas o burburinho ainda está presente entre as rodas masculinas, tanto é que, se uma mulher estiver sozinha num *happy hour*, é vista com maus olhos, enquanto que entre os homens isso é corriqueiro. Se estivermos atarefadas com tantas funções que executamos e falhamos como donas de casa ou mães, somos tachadas de incapazes, já os homens podem ir e vir, faltar com o compromisso de maridos e pais que sempre haverá uma justificativa plausível para suas falhas.

Esse sobrepeso vem nos causando um desequilíbrio emocional incomensurável, pois para que possamos honrar com todas as funções que nos competem ao longo do dia nos sobrecarregamos, e em longo prazo esse excesso se torna prejudicial não só às nossas relações, mas para nós mesmas, causando efeitos em nosso corpo como estresse, depressão, compulsão, síndrome do pânico, etc. É aí que o *start* do nosso vilão é acionado, o padrão vicioso do SIM passa a fazer parte das nossas vidas, e por estarmos enlouquecidas em nosso dia a dia não nos damos conta, perdendo o controle das nossas vidas.

Nesse momento passamos a ser vistas como "sexo frágil" porque estamos no piloto automático, dependentes do círculo vicioso ao qual nós mesmas criamos, e aos olhos de quem está de fora da situação, passamos a ser frágeis, fracas, e de tanto ouvir "dos outros" que não somos capazes de desempenhar todas as funções às quais nos propomos, acabamos acreditando e somos laçadas pela teia do Ego, que nos corrompe e nos convence de que somos realmente incapazes e fracas. A partir daí uma sucessão de falhas ocorre, justamente por estarmos vendadas e crentes na ideia de que não daremos conta de exercer nossa profissão, cuidar dos filhos, da casa, e o medo (outro grande vilão) passa a ser nosso companheiro diário. Por estarmos no automático não

Sexo Frágil? Não, Senhor! 57

conseguimos discernir o que é real e o que foi criado por nossa mente e entramos numa espiral descendente, que nos leva para cada vez mais longe de nós mesmas, fazendo com que nos tornemos dependentes, terceirizemos nossas escolhas e ações, buscando no outro a coragem, a capacidade, transferindo assim todo o nosso poder e voz de comando.

Esse é o papel do sistema: deturpar a nossa visão, corromper a nossa mente e fazer com que acreditemos no que ele dita como correto, e para o sistema não é interessante que nós mulheres tenhamos a consciência da nossa fortaleza. Nós viemos ao mundo com o dom da vida, suportamos a dor para dar a vida, nos responsabilizamos por essa nova vida desde o momento do parto até a fase adulta e durante esse tempo nos dedicamos de corpo e alma, cuidando, provendo e amando, e de repente o sistema vem e nos coloca como seres frágeis, incapazes e dependentes. Basta refletir um pouco para que essa imagem pré-moldada de fragilidade venha abaixo, pois se somos fortes e capazes de dar a vida e prover todas as necessidades para que essa vida siga o seu curso natural, como podemos ser frágeis?

É tão contraditória essa imagem com a qual fomos rotuladas que chego até a me revoltar, já que sou mãe de três filhos, dos quais hoje dois já são jovens e o caçula é adolescente. Só eu sei o que passei para me manter em pé diante dos padrões que o sistema também me inseriu, pois na época eu era muito jovem e não tinha a maturidade que tenho com meus quase 40 anos. Passei por todas as provocações do Ego, tive momentos de acreditar não ser capaz de exercer minha profissão e cuidar dos meus filhos, mas como já citei anteriormente, entre erros e acertos tive meus instantes de lucidez, que foram de crucial importância para que eu despertasse e estivesse hoje aqui relatando as minhas experiências.

– É, querida amiga, sua vida não está sendo fácil, não é mesmo? Mas não precisa ser assim! O sofrimento, a insatisfação e a tristeza só estão temporariamente em sua companhia! A decisão é sua, o poder está em suas mãos! O que está esperando para dar um basta em toda a dor que fere esse pobre coração que pulsa em seu peito? Faça valer a sua voz de comando e mande embora esse fantasma que lhe assombra, o medo é apenas uma condição mental. A sua mente o criou, ele não é real! Lembre-se de que lhe fizeram acreditar que não era capaz, que não era forte, mas você tem o poder de transformar a sua vida a hora que desejar, basta querer do fundo do seu coração! Não dê ouvidos ao Ego, ao sistema, você é muito mais forte do que pode imaginar! Acredite!

Agora que já aprendeu a desconstruir as máscaras moldadas por seu Ego que adquiriu ao longo da vida por estar dispersa e inconsciente, vamos fazer um exercício para que você reconheça o padrão vicioso do SIM em seu dia a dia, e possa também eliminá-lo fazendo com que se mantenha alinhada à sua essência.

Quanto ao medo que lhe assombra e faz com que terceirize as suas escolhas, abrindo mão da sua voz de comando? Também trabalharemos, para que esse fantasma seja eliminado da sua vida. A técnica que usaremos é bem simples e chamada de "decreto", é quando verbalizamos a nossa energia (força-pensamento), extinguindo assim todo o mal que nos assola. Mas para ter êxito nesse processo é necessário que você esteja bem e vibrando bons pensamentos, pois se estiver em um dia tenso, por exemplo, dificilmente conseguirá a conexão perfeita com a sua essência, e assim as suas palavras se perderão no ar, já que não terão a potência necessária para vibrar nas mais altas frequências. Se estiver estressada deixe para fazê-lo em outro momento, mas leia para concluir esse capítulo. Com o tempo aprenderá a fazer a inversão de pensamentos em seu cotidiano, e então poderá aplicar essa técnica em qualquer situação em que necessite se conectar à sua essência divina.

Rompendo padrões

– *Decreto agora, nesse momento, que a Luz da minha verdade em essência se manifeste, me amparando no processo de cura e esclarecimento, embasado no Amor Maior que tudo provê. Que por meio do meu despertar todas as minhas falhas e erros do passado se revelem, para que eu possa reconhecer os meus padrões egoicos e transmutá-los, rompendo assim com o sistema que insiste em me corromper. Que a minha voz de comando esteja alinhada à minha essência, para que em tentação eu tenha clareza para discernir o certo do errado e tenha força e coragem para dizer NÃO, mesmo que o padrão do SIM persista em minha mente. Que o medo não contamine a minha alma, que a partir desse instante esse fantasma seja suprimido da minha vida, pois se eu o criei eu o elimino, agora e para sempre. Eu sou capaz, eu sou forte, eu sou corajosa, eu sou a magnificência de Deus em mim! Assim seja!*

Faça esse decreto sempre que se sentir ameaçada, coagida, manipulada ou corrompida. Toda vez que sentir o Ego lhe tentando use-o, mas faça-o num local tranquilo. Se não puder acalme sua mente por alguns segundos e mentalize-o. Você pode fazê-lo todas as manhãs, se desejar, e finalizá-lo com uma oração de sua preferência.

As Faces do Ego

O Ego nada mais é do que um subproduto do viver com os outros, um reflexo; aquilo que os outros pensam de você, é um fenômeno acumulativo. Quando nascemos não temos a percepção de nós mesmos, os nossos sentidos primitivos se conectam com o externo (o mundo), no caso, o outro, mais especificamente a nossa mãe, que é a nossa primeira ligação com o mundo externo. Com o passar do tempo identificamos nosso corpo, nossas necessidades, porém nossa consciência se apega ao que está fora, uma consciência refletida. Com essa percepção de mundo nasce o Ego, como dizia Osho, o verdadeiro só pode ser conhecido através do falso, conclui-se que o Ego é uma necessidade. Temos que passar por ele para identificar o que não é verdadeiro, descobrir a ilusão, porque a partir dessa descoberta somos capazes de conhecer a verdade, a nossa essência ou eu interior, o que realmente somos, o *Self*.

Todos nós vivemos dentro desses dois mundos. O mundo do Ego é o modo como entendemos o mundo externo, as pessoas, as situações que a sociedade nos impõe. O mundo do *Self*, por sua vez, não é um mundo que foi construído; o *Self* é exatamente o seu mundo interior, é o que você realmente é, sua essência verdadeira, que flui dentro de você; essa vivência é a sua alma. Quanto mais se aprofundar em sua essência, mais distante estará do Ego e tudo se tornará claro como a luz, fazendo com que o caos desapareça e dê lugar à própria ordem da sua existência. Sendo assim, compreender quem somos e o que somos nesse contexto existencial nos dá a clareza necessária para despertarmos a nossa consciência ao fato de que o Ego faz parte de nós, e aprender a equilibrá-lo para que entre em harmonia com o nosso *Self* é essencial para uma vida plena e saudável. A diferença entre eles é simples, o Ego por ser um subproduto social se molda à medida que nossos reflexos se ampliam (mãe, família, escola, amigos, trabalho, etc.), já o *Self* é incorruptível, pois ele é a nossa ligação com a Fonte Suprema, com Deus, e por essa razão se desprende de tudo que é mundano.

Como já citei anteriormente no capítulo "Mulher de fases", o Ego tem muitas faces, muitas máscaras e se adapta de acordo com as influências externas que cada pessoa adquire ao longo da vida. Entre suas várias facetas vamos falar sobre as duas que mais interferem no processo de construção do caráter do ser humano: A Autocorrupção e a Vitimização (lembrando que máscara é como nos moldamos externamente e faceta é como o Ego nos manipula).

Autocorrupção

A autocorrupção, como já foi mencionado anteriormente, é quando o Ego manipula o estado mental do indivíduo, e este passa a agir de acordo com as influências externas e dependendo do grau que esteja em seu processo de construção de caráter passa a justificar todas as suas escolhas e todos os seus atos, sempre se colocando num pedestal, inatingível, já que ele passa a se ver como o dono da razão. Essa visão deturpada da realidade o leva a ter ações impensadas, pois bloqueia o discernimento, e a repetição de suas ações egoicas e

As Faces do Ego 63

equivocadas se tornam padrões transformando-o num indivíduo autoritário, egoísta e solitário, já que dificilmente terá relacionamentos saudáveis. Pode desenvolver doenças como depressão e síndrome do pânico, se fechando cada vez mais ao convívio com as pessoas.

Por exemplo: A pessoa autocorruptiva sempre se refere a tudo em primeira pessoa (eu vou, eu tenho, eu faço, eu quero, etc.). Em seu vocabulário não existe a palavra "nós", muito menos "dividir" ou "compartilhar".

Um relacionamento afetivo com uma pessoa que seja autocorruptiva é extremamente desgastante. Só se dá quando a outra também for, ou tenha a faceta da vitimização, pois será submissa e aceitará as condições impostas a ela, uma vez que por medo de perder o(a) parceiro(a) se submeterá aos caprichos egoicos. Mesmo assim vale ressaltar que será um relacionamento doentio e as consequências podem ser prejudiciais para ambos. Já quando um familiar tem essa tendência não há como se privar da convivência, bem como no trabalho, há de se ter muita sabedoria para viver o melhor possível. O que quero dizer é que independentemente de estarmos despertos e compreendermos as armadilhas do Ego, temos de respeitar o processo de cada um convivendo com todos sem julgamento ou preconceito, e cabe a nós despertos darmos o primeiro passo.

Vale fazer uma autoanálise para saber se você não se enquadra nesse perfil, pois todos nós estamos sujeitos a ser seduzidos por nossos egos, mas use de sinceridade consigo mesma, afinal é para o seu bem.

Você...
- tem o hábito de sempre se impor nos diálogos?
- domina as suas relações?
- tem a palavra de ordem em suas conversas, que é sempre "eu", eu vou, eu quero, eu tenho?
- sempre justifica a si mesma que tem razão diante de uma discussão?
- costuma agir por impulso?

- fica ofendida quando dizem que é egoísta e autoritária?
- se sente sozinha?
- magoa-se quando percebe estar sendo excluída, mas não questiona o porquê?
- sempre faz o que quer em seus relacionamentos e dificilmente ouve o que o outro quer?

Querida amiga, se você respondeu "sim" para a maioria dessas perguntas, sinto em lhe informar, mas você se autocorrompe, e aceitar é o primeiro passo para romper com esse padrão egoico. Compreenda que ninguém está lhe julgando, como disse anteriormente, todos nós estamos sujeitos a cair nas armadilhas do Ego, porém querer se libertar dessa amarra prejudicial que lhe causa sofrimento e solidão é fazer valer o seu direito de SER verdadeiramente humana, lembre-se de que o que lhe parece normal não é natural. Quem ama propõe, não impõe, aceita e não julga, compartilha e não nega. Tudo que vai contra a natureza humana nos faz imenso mal. Então a partir de agora reflita antes de agir ou falar e verá como as pessoas notarão a diferença e passarão a enxergá-la verdadeiramente, sem o véu que antes lhes impedia de ver a pessoa maravilhosa que você é.

Vitimização

A vitimização é quando o Ego lhe coloca como vítima da situação, seja ela qual for. Você sempre é a vítima e nunca a causadora ou a responsável por seus atos, sempre se defende colocando no outro a culpa, a responsabilidade. A pessoa que tem esse padrão de vitimização vive na defensiva e se torna reativa a tudo e a todos. Sua autoestima é baixa e sofre por antecipação, porque fica remoendo qualquer situação centenas de vezes tentando encontrar maneiras de terceirizar a causa do seu sofrimento. Por estar dispersa e não ter consciência do seu padrão se doa ao extremo. Justamente para se fazer de "coitadinha", carrega o mundo nas

costas e por essa razão vive de mau humor, e a tendência a ter depressão é muito grande. Com o passar do tempo, torna-se uma pessoa pessimista, triste e solitária, pois as pessoas passam a evitá-la. Pode desenvolver compulsões e hipocondria, visto que se sente vazia e busca razões para manter esse padrão.

Por exemplo, a pessoa que se vitimiza vive assombrada pelos próprios fantasmas que cria, tem o péssimo hábito de fazer "tempestade em copo d'água", dá uma atenção exacerbada a tudo, o exagero é o seu lema diário e dificilmente consegue ter um sono tranquilo, já que está em constante alerta.

Um relacionamento afetivo com uma pessoa que se vitimiza é desgastante, pois o(a) parceiro(a) é constantemente colocado(a) em prova de fogo, visto que será monitorado(a) 24 horas por dia, porque a vitimização leva à possessão, além de todas as situações onde o descontrole emocional estará presente. No trabalho será uma pessoa excluída, visto que ninguém quer ficar ao lado de uma pessoa que vive na defensiva ou se queixando da sua vida infeliz. Já na família, cria um ambiente carregado, pois as brigas e discussões serão rotineiras.

Tanto a autocorrupção como a vitimização se desenvolvem na infância, por isso é importante refletir sobre como estamos criando nossos filhos, pois poderão ser futuros autocorruptores ou vítimas, e nós seremos os responsáveis, já que cabe a nós a construção do caráter externo dos nossos filhos, até que eles possam caminhar por conta própria. Um ambiente saudável e harmônico é fundamental para que a criança desenvolva a sua percep-

ção de mundo e aprenda desde cedo a ouvir a sua intuição, que é a ligação direta com a nossa essência.

Você...
- tem o hábito de evitar discussões?
- sempre se coloca na defensiva quando a discussão não pode ser evitada?
- sempre chora e traz à tona situações do passado ou faz um escândalo numa discussão?
- fica remoendo situações em sua mente tentando justificar que a culpa não foi sua?
- tem o costume de se doar ao extremo, de fazer tudo pelas pessoas?
- vive de mau humor, sempre dizendo que carrega o mundo nas costas?
- sempre vê maldade nas pessoas e acha que querem tirar vantagem de você?
- diz sempre que tudo vai dar errado, que a vida é injusta e que não sabe o que fez para merecer tanto sofrimento?
- é possessiva em suas relações?

As Faces do Ego   67

- tem alterações frequentes de humor?
- se sente excluída?

Se você respondeu afirmativamente para a maioria dessas perguntas, o padrão da vitimização permeia a sua vida, cara amiga! É preciso estar atenta, pois você pode estar à beira de um rompimento afetivo, da perda de trabalho ou de amigos. O padrão de vitimização, bem como o da autocorrupção, são maléficos à saúde física, mental, emocional e espiritual, já que todos os seus corpos sentem os efeitos colaterais desses padrões. Quando você corta o mal pela raiz, automaticamente o resultado é visto a olho nu, pois a sua pele cria viço, o seu humor melhora, os seus pensamentos se tornam mais ordenados e positivos e a sua alma sorri resplandecente, refletindo a alegria de estar em sintonia pura com você. Como disse anteriormente, aceitar é o primeiro passo e a partir daí fazer as curas necessárias lhe trarão bem-estar e uma vontade de viver jamais sentida antes, basta você se desligar de tudo que está atrelado aos padrões egoicos, sejam eles quais forem. A liberdade está em reconhecer as correntes e daí rompê-las definitivamente da sua vida! Está esperando o que para iniciar o melhor capítulo da sua existência?

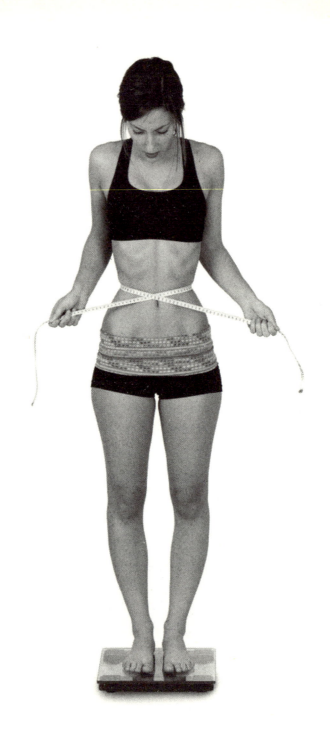

Os Sete Passos para Descobrir a Mulher que Existe em Você

Você e o seu corpo

O nosso corpo reflete o estado mental e emocional em que nos encontramos, ele fala conosco tanto externamente (pele, cabelo, unha) como internamente (os órgãos), e por meio dessa comunicação podemos detectar padrões comportamentais, sejam eles benéficos ou maléficos à nossa saúde. Estar em sintonia com o nosso corpo nos dá a oportunidade de avaliar como conduzimos a nossa vida em todos os aspectos, seja profissional, pessoal ou familiar, pois ele é o nosso termômetro, se estamos bem o nosso organismo responde imediatamente com uma sensação plena de bem-estar, contudo se estamos vivenciando uma situação delicada, ele nos mostra, por meio de disfunções como gripes, vômitos, enxaquecas, que algo não está bem. A esse quadro damos o nome de *somatização*. É quando algum órgão específico se sobrecarrega dando o alerta de que estamos remoendo algo dentro de nós e, por consequência, esse sentimento mal digerido se manifesta de alguma forma, seja por uma dor de garganta ou de estômago, por exemplo.

A *somatização* pode nos levar a quadros clínicos graves, como depressão, compulsão, síndrome do pânico, etc., e para se chegar a um diagnóstico correto (somatização emocional) leva-se muito tempo, apesar de que hoje a Medicina já aceita o estresse como causa de muitas doenças. Mas ainda assim, o diagnóstico pode ser incompleto, visto que para se alcançar a verdadeira causa há de se buscar no íntimo do paciente a origem que desencadeou a doença em questão.

Outra disfunção relacionada diretamente com o nosso corpo é o *Distúrbio da Autoimagem*. Essa disfunção está ligada ao nosso Ego, a como o nosso padrão mental nos vê, e a partir dessa imagem distorcida de si mesma, uma pessoa pode vir a ter doenças como anorexia e bulimia. Observe como todas essas doenças estão conectadas à nossa visão de mundo e não à nossa consciência, à nossa essência, pois é o externo que manipula a mente. Por estarmos inseridas em diversos padrões passamos a nos ver de acordo com o que o sistema nos faz acreditar ser real. Se estivermos, por alguma razão, desequilibradas emocionalmente, automaticamente seremos fisgadas por nosso Ego e a nossa visão deturpada de mundo alimentará os nossos piores fantasmas, fazendo com que se desencadeiem em nossa mente pensamentos negativos e pessimistas, causando em curto, médio ou longo prazo a somatização ou o distúrbio da autoimagem.

– Como você se sente em relação ao seu corpo e a imagem que você vê diante do espelho?

A melhor maneira para responder a essa questão é fazer uma autoavaliação, mapear os seus padrões de pensamentos, de sentimentos e de ações, pois só poderá se curar de algum mal se buscar dentro de si a origem, para depois detectar a causa e os seus efeitos. Se você não fizer por você, ninguém o fará, porque ninguém tem as respostas para algo que nem você sabe definir, precisa ser muito corajosa para se autoenfrentar, pois como eu disse no início deste livro, haverá momentos em que você será colocada à prova e, se estiver desperta, encontrará a passagem para continuar seguindo rumo à sua essência. Se deixar o seu Ego manipulá-la, aí, querida amiga, você ficará perdida entre tantas saídas ilusórias criadas por sua mente dispersa e poderá até ficar inerte por longo tempo, como um barco à deriva em alto-mar.

Quando fiz a última pergunta, automaticamente veio à sua mente a imagem de um corpo perfeito, o qual seria o seu sonho de consumo, a sua realização de beleza, não foi? E se vendo diante do espelho, sentiu aquela insatisfação por não ter o mesmo corpo que tinha na juventude, ou, se você é jovem, por ser mais encorpada e não usar o desejado "manequim 38" que as suas amigas usam, não é mesmo?

O padrão perfeito de beleza que o sistema nos impõe chega a ser uma crueldade com nós mulheres, pois somos singulares e cada uma de nós tem uma estrutura física diferente, portanto esse padrão é um crime. Convencer-nos a chegar ao extremo do que somos para nos parecer com o que o sistema estabelece tem consequências, na maioria das vezes, irreversíveis, isso quando a pessoa não chega ao óbito por essa loucura. O sistema nos escravizou e prova disso são os bilhões de dólares arrecadados todos os anos pela indústria da beleza e afins. Vendem-nos a ilusão, e por estarmos hipnotizadas compramos essa ideia ridícula de que alguns potes ou intervenções cirúrgicas vão nos dar a autoestima que perdemos por acreditar que estamos "fora do padrão". Entenda que cuidar do corpo, da pele, praticar esportes são hábitos saudáveis e não estou dizendo que a partir de agora você deva ser descuidada, o que quero dizer é que não adianta você ser um "produto" do sistema, pois isso só massageará o seu Ego por um determinado tempo e, como disse, você será apenas um produto, uma amostra fabricada do sistema. O vazio que sente permanecerá, já que mesmo estando com um corpo escultural, aparentando ter dez anos a menos, não elevará a sua baixa autoestima e não suprirá esse vazio existencial.

A verdadeira beleza vem de dentro para fora, da sua essência, para ser refletida através do seu corpo, e mesmo que esteja acima do peso, ou apesar das linhas de expressão que tenha em sua face, ainda assim todos enxergarão a bela mulher que você é, porque a beleza é um estado de espírito, de essência e, portanto, não há potinhos milagrosos que lhe deem esse efeito real de beleza. Basta observar em seu cotidiano e verá mulheres maravilhosas à sua volta, altas, baixas, magras, gordas, umas com seios volumosos, outras com seios pequenos, quadris largos, estreitos, a beleza está justamente aí, nas diferenças, e cabe a cada uma de nós nos amarmos exatamente como somos.

Essa história de que o homem idealiza a mulher da capa da revista é ultrapassada, pois se fosse verdade não veríamos os mais variados tipos de casais circulando pelas ruas. Temos que levar em conta a dispersão da humanidade e que milhares de pessoas ao redor do mundo estão no sono da ignorância e acreditam, sim, que essa beleza fabricada é real, porém ao longo de suas vidas a ilusão se desfaz, porque cedo ou tarde lhes são reveladas as artimanhas do sistema, e muitas vezes já é tarde para voltarem atrás. O destino dessas pessoas sem sombra de dúvida é a frustração, e viverão suas vidas vazias tentando suprir a idealização da perfeição, fadadas à infelicidade.

Essa é a realidade nua e crua, minha querida amiga! Se você se encaixa nesse falso padrão de beleza e vive lutando contra si mesma para obter o corpo perfeito ou a jovialidade que já se foi, fique atenta, senão a infelicidade será sua companheira, pois com

Os Sete Passos para Descobrir a Mulher que Existe em Você   73

o tempo as pessoas que a amam se afastarão e só ficarão aqueles que estiverem dispersos como você está! Eu sei que é duro ouvir isso, mas é necessário! E daí que o seu corpo não seja escultural? E daí que o seu rosto já entrega a sua idade? A beleza da vida está justamente nas marcas que adquirimos ao longo da nossa caminhada, está em seu corpo exatamente como ele é!

Em breve estarei com 40 anos e nunca estive tão bem comigo mesma, justamente porque o sistema já não me corrompe mais, porque eu me libertei das correntes que me prendiam aos padrões ilusórios da beleza, e confesso que me sinto muito mais atraente hoje do que há 20 anos. A imagem que vejo refletida no espelho é exatamente quem eu sou e amo cada marca em meu corpo, pois cada uma tem um capítulo da minha vida, da minha história, e sou imensamente grata a Deus por me lembrar diariamente através desses sinais a minha trajetória até aqui. Não foi sempre assim. Como você, eu também tive meus momentos de crise existencial, onde me sentia feia e brigava com o espelho, aliás, nessa fase quase nem me olhava no espelho, mas hoje me divirto quando lembro desses episódios e vejo quanto tempo eu perdi sofrendo à toa. Quantas lágrimas eu derramei, quantas horas preciosas eu perdi buscando afagar o meu Ego ferido, quanto mal eu fiz ao meu corpo com dietas mirabolantes, remédios e receitas caseiras, por acreditar estar "fora" dos padrões de beleza. Para quê? Para me encaixar em um padrão absurdo de beleza que só me trouxe desgosto, frustração, além de jogar literalmente dinheiro fora, já que passado algum tempo das tais dietas ou tratamentos, o meu corpo voltava à forma anterior! O que não compreendia na época era que enquanto eu buscasse fora esse falso bem-estar, nunca alcançaria o que desejava, mas quando despertei e me aceitei exatamente como eu era, a venda que antes me cegava foi retirada, e como já disse anteriormente eu me amei de verdade! A partir daí, no meu tempo, fui reconstruindo a minha imagem embasada em quem eu realmente era e o resultado foi surpreendente, pois o meu corpo começou a responder, a pele ficou viçosa, os cabelos mais sedosos, e o que antes me incomodava, já não tinha tanta importância!

Há vários fatores importantes que você deve considerar antes de qualquer decisão em relação ao seu corpo. Se você não está satisfeita com a imagem que vê diante do espelho, deve questionar antes de tudo quem está no comando, você ou o seu Ego, e então avaliar qual o melhor caminho para chegar ao que deseja. Não é errado desejar um belo corpo desde que esteja livre dos padrões impostos pelo sistema, pois aí você fará escolhas saudáveis e coerentes à sua realidade. Ter uma alimentação adequada, praticar esportes, cuidar da pele, são hábitos saudáveis que lhe trarão resultados benéficos à sua saúde e não lhe colocarão em risco. Além do bem-estar físico, sentirá prazer em cuidar do seu corpo e automaticamente estará cuidando da sua essência, da sua alma. A sua satisfação será refletida através do bom humor, do seu olhar, e todos que estão à sua volta notarão a diferença e só terá motivos para sorrir.

É necessária a ressalva de que, se alguma doença se manifestou fisicamente, você deve buscar auxílio médico, pois ainda não temos a capacidade da autocura. Existem centenas de relatos desse extraordinário feito ao redor do mundo, mas ainda estamos muito distantes de chegar ao ponto de nos recuperarmos por meio da nossa própria energia curativa. Mas eu acredito que chegaremos a esse estágio um dia, pois hoje temos diversas terapias alternativas embasadas na cura por meio das mãos, por exemplo, onde a energia curativa é emanada por meio do terapeuta à pessoa doente, e esta demonstra um quadro significativo de melhora. Tanto é fato que a ciência está se abrindo às pesquisas nesse campo energético em favor do avanço científico.

Existem forças ainda desconhecidas em nós, o nosso cérebro, por exemplo, é um enigma. O potencial cerebral é um mistério; embora estudos recentes relatem que utilizamos 100% do nosso cérebro diariamente, há questionamentos. Como podemos graduar a potência das nossas funções cerebrais? Fica a reflexão, visto que muitos eventos extraordinários ocorram em nossas vidas; se formos analisar racionalmente, não chegaremos a um consenso, pois não podemos ignorar o fato de que existe uma força maior que direciona a nossa mente. Esse assunto demanda tempo e pesquisa e ainda assim ficariam lacunas, já que o ser humano não é somente o que os olhos nos revelam, a vida em sua totalidade não pode ser racionalizada apenas pela razão. O importante é que você compreenda a importância do seu corpo nesse processo ao qual chamamos VIDA, e que a partir de agora o respeite fazendo todas as mudanças necessárias para que possa se harmonizar e ter saúde.

A seguir farei alguns questionamentos para você avaliar como anda o seu corpo, como cuida desse instrumento tão precioso que lhe foi dado como um empréstimo para que pudesse vivenciar suas experiências terrenas, de maneira que possa fazer um balanço e os ajustes necessários para se equilibrar novamente e ter uma vida saudável daqui em diante.

Como anda a sua alimentação?

Você tem uma alimentação saudável ou é daquelas pessoas que têm o hábito de comer qualquer coisa para matar a fome? Costuma fazer suas refeições em casa ou prefere *fast-food*?

A alimentação é a nutrição do corpo e se não ingerir todos os nutrientes que ele necessita, seja em curto, médio ou longo prazo, arcará com as consequências de ter uma vida desregrada. Não adianta culpar a falta de tempo, a correria do dia a dia, pois quando o seu corpo se manifestar pode ser tarde para rever os seus conceitos. Não espere adoecer para tomar uma iniciativa de mudar seus hábitos alimentares, comece já e verá que daqui a um tempo como o seu corpo corresponderá positivamente a essa mudança.

Como anda o seu sono?

Você dorme bem ou é daquelas pessoas que troca o dia pela noite? Tem o costume de ficar até tarde da noite assistindo televisão ou no computador?

Uma boa noite de sono é essencial para que o corpo se recupere de um longo dia de trabalho e possa absorver todos os nutrientes que ingeriu, reservando a energia necessária para o dia seguinte. O nosso corpo é como uma máquina e também precisa de manutenção, que em nosso caso é respeitar os horários de sono para que ele possa cumprir todas as suas funções e manter em plena atividade todos os nossos órgãos. Se você fica acordada quando deveria estar em descanso profundo, o cérebro entra em colapso e as informações ficam difusas causando danos à saúde, o que pode levar a várias disfunções, como a insônia, que sobrecarrega todo o corpo acarretando doenças irreversíveis ao longo do tempo. Ter um sono tranquilo é imprescindível para que você equilibre a sua saúde.

Como anda o seu humor?

Você é uma pessoa bem-humorada ou é daquelas que acordam resmungando e vivem de mal com o mundo?

O humor interfere em todas as áreas da nossa vida. Uma pessoa bem-humorada dificilmente adoece, os problemas são sempre resolvidos com facilidade, os relacionamentos são saudáveis e a alegria permeia os seus dias. Já uma pessoa mau-humorada adoece com facilidade, os problemas são diários em sua vida e os relacionamentos são complicados e destrutivos. A alegria é uma palavra que não existe em seu vocabulário, pois vê maldade em tudo e em todos. Outro fator agravante do mau humor é que por trás dessa couraça amarga podem estar ocultos muitos sentimentos mal digeridos de situações não resolvidas, e com o passar do tempo a pessoa se fecha para qualquer possibilidade de felicidade em sua vida. Nesse caso o mau humor é reflexo de um problema que vem sendo somatizado e que se não for tratado pode trazer agravantes a saúde.

Como anda sua libido?

Você é uma pessoa sexualmente ativa ou é daquelas que vivem se esquivando por não dominar a sua sexualidade?

A sexualidade faz parte da nossa vida, embora milhares de mulheres ainda tenham uma visão muito limitada em relação a esse tema, pois falar sobre sexo abertamente ainda é um tabu no meio feminino, e apesar de as informações estarem mais disponíveis do que nunca o fato é que nós abrimos mão do que não é um privilégio e sim um direito: ter prazer. Precisamos desconstruir esse padrão equivocado que nos foi inserido desde os primórdios, porque o sexo faz parte de uma vida saudável e "achar" que devemos nos boicotar ou que é "normal" não sentir prazer são termos ultrapassados. Estamos em pleno século XXI, conquistamos o nosso lugar ao sol profissionalmente e ainda permitimos a submissão sexual, algo está errado, não está?

Aparentemente o que estou dizendo parece irreal, já que o sistema mostra o contrário nas redes de comunicação, porém nós sabemos que é fato a mulher ainda hoje se anular num relacionamento. É claro que o sistema não abordará a realidade porque não lhe convém, mas a verdade é que existem milhares de mulheres no mundo infelizes sexualmente, simplesmente por acreditarem ser "normal" não chegar nunca ao clímax, e por vergonha ou pudor não têm coragem de conversar com seus parceiros sobre as suas preferências, as suas necessidades. Temos que dar um basta nessa situação, pois sexo só é bom quando ambos chegam ao êxtase.

A mulher é diferente do homem em relação ao sexo. A rotina, as preocupações, o desgaste emocional e o físico por todos os papéis que desempenhamos, são alguns dos motivos pelos quais não chegamos ao clímax numa relação sexual. Nós somos sentimentos à flor da pele e por essa razão é preciso que haja o diálogo entre os casais, porque para os homens basta uma insinuação sensual para que eles estejam estimulados sexualmente, em contrapartida, nós mulheres, precisamos de estímulos, de incentivos. Nunca abra mão do seu prazer e verá que, ao se posicionar, o seu parceiro corresponderá de acordo com os seus desejos, o seu relacionamento tomará uma nova direção, para a qual os dois caminharão juntos. A rotina terá um novo sabor, vocês terão mais disposição e ele passará a olhá-la com admiração como há muito tempo não fazia. Experimente, ouse e depois me diga se não funcionou.

"O seu corpo é um templo,
portanto respeite-o."

Você e a Sua Mente

Você já parou para avaliar a qualidade dos seus pensamentos? Você se acha uma pessoa positiva ou negativa, otimista ou pessimista? Calma ou ansiosa? Tem o hábito de ficar remoendo situações mal resolvidas, brigas, discussões ou consegue seguir em frente e esquecer o ocorrido?

"Você é o que você pensa, sente e vibra."

Desculpe lhe dizer, querida amiga, mas a sua mente, mente! O que isso quer dizer?

Quer dizer que a mente por si só é uma máquina de arquivo de memória e de informações, ela grava tudo o que ocorre ao nosso redor através dos nossos sentidos primários, que mandam as informações até "a caixa-preta" (gosto de chamar o nosso cérebro assim), que seleciona e armazena todos esses dados conservando-os em nossa memória, e toda vez que algo nos parece familiar, ela resgata nesse arquivo alguma situação, ou algo específico relacionado ao que estamos vivenciando. Portanto a nossa mente grava por repetição e tudo ligado a ela vem do externo, da nossa visão de mundo, do nosso Ego.

Quando somos dispersos é o mental quem nos domina, o nosso Ego e todas as sensações, sentimentos que são gerados por algum motivo estão atrelados ao Ego, por conseguinte superficiais, normais (dentro das normas do sistema). Já quando somos despertos, estamos diretamente conectados à nossa essência através da nossa intuição, a nossa visão de mundo não é mais manipulada pelo Ego e as emoções e sentimentos são livres das suas armadilhas, porque as informações veem diretamente do arquivo de memória da alma e não da mente. Nesse caso, a mente processa embasada na intuição, aguçando os nossos sentidos primários, que passam a ser o reflexo do que verdadeiramente estamos sentindo. Portanto estar atenta ao nosso padrão de pensamento é de crucial importância, pois pensamento gera energia e essa energia, consequentemente, irá atrair tudo que esteja vibrando na mesma frequência desse padrão de pensamento, a isso chamamos Lei da Atração. Você atrai para a sua vida situações e pessoas de acordo com a sua vibração, então se está vibrando bons pensamentos e sentimentos, atrairá pessoas e acontecimentos que lhe farão bem, caso contrário, atrairá para sua vida somente eventos e pessoas que lhe farão mal.

É simples assim! Não tem mistério! É como a Lei da Ação e Reação, você receberá exatamente o que está oferecendo, colherá o que plantar, não existe outro caminho! Por isso ter atenção ao que se está dando importância em sua vida é essencial, pois de uma forma ou de outra você atrai tudo para si! Compreendendo essa máxima você fará suas escolhas conscientemente, já que terá de arcar com as consequências de cada uma delas, porque não poderá mais terceirizar a culpa, já que a responsabilidade é toda sua!

Aí você se questiona:

– Então estar dispersa é melhor do que despertar, já que não terei consciência, também não arcarei com as consequências! Qual é a vantagem de estar desperta?

Eu lhe respondo:

– O fato de estar dispersa não lhe poupa das consequências, pois a todo instante você está fazendo escolhas; por essa razão não pense que a responsabilidade destas recairá sobre outras pessoas. O que difere entre estar dispersa e desperta é que no primeiro caso você estará escolhendo inconscientemente, e no segundo a escolha é feita conscientemente. A vantagem é que desperta você tem a opção de direcionar a sua escolha de acordo com o seu propósito, e dispersa, as escolhas são feitas sem medir suas consequências, e por estar com o Ego lhe manipulando você sempre culpará o outro, sempre terceirizará a responsabilidade. Porém entrará no padrão da vitimização, o que a levará para cada vez mais longe de si mesma deixando a sua vida nas mãos de terceiros! Compreende?

O padrão do "SIM" está diretamente ligado a essa questão. Dispersa, você deixa o seu Ego dominar a sua mente e por estar no automático as suas decisões são sempre embasadas nesse círculo vicioso do "SIM". Por não ter consciência (DESPERTAR) você é totalmente manipulada pelo externo e por estar sobrecarregada, frustrada, acaba aceitando tudo que impõem a você, simplesmente pelo fato de não ter voz de comando, de estar dispersa, de permitir que os outros decidam por você, e consequentemente as decisões terceirizadas vão conduzindo a sua vida em direções contrárias às que você gostaria de seguir, mas por estar inserida no sistema acredita que a vida é assim mesmo e que ser feliz é para os outros e não para você.

Não adianta querer se justificar, pois estará enganando a si própria e mais ninguém. Você tem o poder em suas mãos e basta tomar as rédeas da sua vida, fazendo valer a sua voz de comando para que se liberte desse "inferno" que criou, porque foi você mesma que manifestou esse cenário triste, esse romance vazio, essa família desunida, esse trabalho maçante, a partir do momento que disse "SIM" quando deveria ter dito "NÃO". Você pode se autocorromper jogando a culpa no marido, no namorado, pais, irmãos, no chefe, mas ainda assim você é responsável por estar infeliz porque se omitiu, permitiu que chegasse onde está, e culpar o outro somente afaga o seu Ego, não resolve o problema. Reflita com racionalidade, coloque-se como observadora da situação, seja ela qual for, e verá que você escolheu. O outro pode ter a parcela dele também, pois também está no processo dele, mas você deu a **permissão**.

"Quando um não quer, dois não fazem!"

Não é assim que diz aquele ditado popular? Não importa a situação, quando um não quer a discussão, a desarmonia e o descontrole não existem! Toda ação gera uma reação, então se você refletir antes de agir e antes de falar poupará infortúnios em sua vida! É simples assim e não tem como você fugir dessa máxima, pois a Lei da Atração está conectada diretamente às nossas ações, pensamentos e palavras!

"Bons pensamentos geram bons sentimentos e, consequentemente, a sua vibração se alinhará a frequências afins, trazendo o melhor para sua vida!"

Agora vamos fazer uma autoanálise do seu padrão mental para que você possa detectar a qualidade dos seus pensamentos, e assim consiga neutralizar tudo que a impede de alcançar o êxito em qualquer coisa que deseja.

Vitimização

Em uma discussão você sempre se coloca como vítima fazendo com que o outro se sinta culpado? Tem o hábito de fazer com que as pessoas tenham pena de você?

A pessoa que se vitimiza vive culpando os outros por suas insatisfações, frustrações e infelicidades, mas se esquece de que o seu estado é o resultado de suas escolhas ou permissões, portanto "se existe culpa" é de sua responsabilidade, e não do outro. Mas por estar cega sempre justifica colocando no outro o peso do seu fardo. Na realidade, tudo o que vivenciamos é única e exclusivamente nossa responsabilidade, o outro foi apenas atraído a ser coadjuvante do que criamos e nesse caso não tem ônus de culpa. Por estarmos dispersas, o nosso Ego nos corrompe fazendo com que acreditemos ser o outro o responsável por nossas frustrações. Porém quando despertamos, a clareza dos fatos nos mostra que nós fomos os causadores e não o outro, a máscara do Ego cai e a verdade se revela nua e crua, e a posição de vítima já não nos serve mais. O que é um alívio porque passamos a analisar a situação por outro prisma, nos dando a oportunidade de revertê-la. Esteja alerta para não cair nas armadilhas do Ego e verá como a sua vida se tornará mais simples de ser vivida.

Autocorrupção

Você tem o costume de ficar remoendo discussões, atitudes das pessoas em relação a você, sempre achando que estão desejando o seu mal?

A autocorrupção nos leva a acreditar que o outro sempre está contra nós e criamos o péssimo hábito de ser reativos, estamos o tempo todo na defensiva esperando que nos ataquem. Essa é mais uma manifestação do Ego nos corrompendo a acreditar que o outro é uma ameaça. Isso faz com que nos isolemos ou com que as pessoas nos isolem, pois a convivência se torna desgastante. Imagine ficar sempre em alerta pensando no que vai dizer para que a pessoa autocorruptiva não interprete suas palavras da maneira errada, não é fácil viver ao lado de pessoas assim e se você tem esse padrão, precisa urgentemente eliminá-lo, se não acabará sozinha remoendo o porquê dessa solidão. O outro não é um inimigo em potencial e temos que aprender a aceitar as diferenças, pois cada um tem uma visão de mundo, lembra-se?

Mais uma vez me coloco nesse exemplo, porque já vivenciei esse padrão em minha vida e não foi fácil desconstruir essa reatividade em minha mente, mas hoje que estou desperta vejo como fui imatura no passado e poderia ter evitado muitos dissabores se compreendesse essa questão. Respeitar o processo alheio nos torna mais "humanos", pois todos nós estamos sujeitos a cair nas armadilhas do Ego.

(Citei novamente a vitimização e a autocorrupção neste capítulo justamente para que você compreenda como o Ego nos prega peças. Em várias situações essas duas palavras estarão presentes para lembrá-la da importância de estar alerta.)

Como andam os seus pensamentos?

Você já parou para refletir sobre o padrão dos seus pensamentos? Você é uma pessoa positiva ou negativa?

Se nossos pensamentos conduzem as nossas vidas, é óbvio que estarmos atentas a que padrões mantemos em nosso dia a dia faz toda a diferença, visto que se somos positivas, tudo caminha de acordo com os nossos desejos, caso contrário, o fato de não realizarmos nossos sonhos, de não conquistarmos nossas metas, está diretamente ligado à negatividade que mantemos diariamente. Uma pessoa negativa dificilmente é feliz, tem uma vida saudável, bons relacionamentos e conquista os próprios sonhos, porque o seu padrão negativo a impede de prosperar, de ser saudável, já que somatiza centenas de frustrações, e isso se reflete no corpo e os seus relacionamentos são frágeis. Mas uma pessoa positiva atrai para a sua vida tudo o que almeja naturalmente, pois a sua vibração se potencializa pelo fato de estar de bem com a vida.

Os pensamentos positivos geram vibrações que se alinham a outras que estejam na mesma frequência, tornando-se um vórtice energético tão potente que é capaz de transformar, edificar, curar e atrair tudo que esteja relacionado a eles, por isso a importância

Você e a Sua Mente

de estar alerta, pois uma vez emanado o seu padrão de pensamento, atrairá para a sua vida tudo que esteja em sintonia a esse padrão. Liberte-se do negativismo que lhe impede de prosperar, de ser feliz, de ser saudável, de ter bons relacionamentos e verá como a positividade e o otimismo podem transformar sua vida.

Como anda a sua fé?

Você é uma pessoa que acredita no seu poder criativo ou é daquelas que aceitam a condição que lhe foi imposta e se acomoda acreditando ter o que merece?

Existe uma força dentro de cada um de nós que é capaz de criar, de construir, de transformar e de curar. Essa força é a fé, é acreditar no seu poder criador, pois somos templos vivos de Deus e, portanto, somos cocriadores do nosso mundo particular. Cabe a nós fazermos valer esse poder em nossas vidas, e para tanto basta acreditar, confiar em nós mesmos. Aquele que aceita a própria condição de inferioridade em qualquer área da vida está entregue ao sabor do vento, porque permite que os outros tomem as suas decisões e façam as suas escolhas. Essa pessoa se esqueceu da sua divindade como SER e por essa razão vive o que o sistema dita como correto. Não estamos nesse mundo para sofrer e sempre digo que sofre quem quer, pois temos a opção em nossas mãos, basta tomarmos as rédeas da nossa vida e confiarmos em nós mesmos. Se a escolha cabe a nós, por que deixamos ao outro esse direito?

Se você está colocando a sua fé à prova, é chegada a hora de decidir se vai continuar pegando os atalhos que lhe impõem como caminho ou vai, a partir desse momento, se conectar à sua força suprema e permitir que a sua essência lhe revele o caminho.

*"A fé é acreditar naquilo que
não se pode ver!"*

Você e a Sua Boca

Você já ouviu aquela passagem da Bíblia que diz: "... e do verbo se fez carne..."? Você já parou para refletir que o poder das palavras fere mais do que um corte de navalha? Não?

A palavra, uma vez que sai da boca, não volta mais e ela pode ser "bendita" ou "maldita". Não adianta querer consertar pedindo desculpas, pois a vibração das nossas palavras somada à vibração dos nossos pensamentos (intenções) se alinham a outras vibrações semelhantes, e consequentemente se conectam a frequências de baixo escalão, trazendo de volta o resultado do que decretamos. Por isso, ter atenção aos nossos padrões, dogmas, vícios e crenças é imprescindível, uma vez que tudo o que acontece em nossas vidas é fruto das sementes que plantamos ao longo do caminho, e cedo ou tarde colheremos exatamente o que semeamos.

A palavra tem o poder de edificar ou destruir, de curar ou ferir, de resgatar ou arruinar o sonho, a vida de alguém, e se temos a escolha de que ela seja sempre embasada no bem, no amor, por que não o fazemos? Amanhã poderemos estar do outro lado, sendo feridas, arruinadas e destruídas, por isso reflita sempre antes de falar.

"Não faça ao outro o que não quer que ele faça a você!"

Com esse pensamento você romperá com tudo que lhe faz mal, inclusive com o vilão do "SIM", já que refletirá antes de agir, pesando as consequências dos seus atos, pois tudo o que fizer ao outro automaticamente afetará a sua vida e por estar consciente desse padrão não vai querer continuar a cometer os mesmos erros, ou vai?

Toda vez que perceber o Ego se manifestando, a melhor forma de domá-lo é silenciar-se, porque você dará o tempo necessário para que a sua essência se pronuncie por meio da sua intuição, evitando assim que aja por impulso. Dessa maneira você evitará desentendimentos, arrependimentos e situações que não possa controlar, pois a partir do momento que verbalizar dentro dos padrões egoicos ou der a permissão ao outro, você não estará mais no comando. Uma vez que deu o consentimento (consciente ou inconsciente) ou terceirizou a sua escolha, terá de arcar com as consequências consentidas ou de transferência de comando. Mas ao manter-se firme em seus propósitos, romper com os padrões do Ego e do sistema, você dará um passo mais próximo a si mesma, fortalecendo-se em suas decisões, e mesmo que o outro (filhos, marido, namorado, irmãos, pais, chefe, amigos) de início se choque por estar acostumado àquela imagem de "boazinha" que você tinha, mais à frente entenderá que o "NÃO" foi a melhor decisão a ser tomada.

Romper padrões não é fácil, demanda muita calma, sabedoria e coragem, mas é necessário para que se desprenda de tudo que lhe faz mal. Pessoas se afastarão e a julgarão dizendo não lhe reconhecer mais, sua família vai lhe cobrar satisfações dessa nova postura, o seu chefe pode ficar desconfiado, mas você tem que compreender que cada um está vivenciando o seu processo e terá de respeitar o afastamento, o julgamento, as cobranças e desconfianças, pois como tudo na vida, leva-se um tempo para que se habituem a uma nova realidade. Como já falei anteriormente, a nossa mente grava por repetição e aquela imagem de "boazinha", de faz tudo, de passiva é o que lhes é familiar e essa nova mulher que está florescendo em você é uma estranha, portanto aciona o botão de imagem desconhecida, mas com o tempo tudo se ajeitará e tomará o devido curso, e aprenderão a respeitá-la. Contudo terá muito trabalho pela frente, não deixe o desânimo e o medo lhe dominarem. Estar alerta é importante para que você não caia novamente nas teias do Ego e do sistema.

A palavra NÃO

Como já citei anteriormente, os nossos pensamentos e palavras têm energia, portanto, ter atenção ao que pensamos e falamos é de suma importância, mas não para por aí. A energia é emanada pela força vibracional das nossas intenções, do "objeto principal" do que pensamos e falamos, e palavras como NÃO, NUNCA e JAMAIS se perdem no contexto geral da colocação oral.

A palavra "não", dependendo de como é colocada em uma afirmação, se anula totalmente, já que para o Universo não existe bem ou mal, certo ou errado, tudo é energia e como você verbaliza suas intenções faz toda a diferença. O que quero dizer é que precisamos aprender a dizer "não".

– Como assim?

Cada palavra tem uma força específica e unidas em uma frase o que prevalece é a (ou as) que vibra com mais força, desse modo a forma de dizer o que realmente queremos é o que importa ao Universo. Por exemplo:

– Eu não quero mais que você me desobedeça!

Na frase acima as palavras que têm mais força vibracional são: "quero" e "desobedeça". Sendo assim, a energia emanada é exatamente contrária ao que realmente quer, pois a intenção é que o outro "seja obediente". Partindo desse pensamento o correto é dizer:

– Eu quero que você me obedeça!

A energia vibracional emanada corresponde à intenção real e com certeza será recebida imediatamente, do contrário, suas palavras serão dissipadas pela baixa intensidade e você não alcançará o que deseja. Compreende?

Por estarmos automatizadas em nossas vidas atarefadas, não nos damos conta do que falamos a maior parte do tempo, e pagamos um preço muito alto por isso, pois perdemos o controle e o Ego entra em ação nos corrompendo, fazendo com que fiquemos anestesiadas. É aí que os padrões surgem, uma vez que fomos fisgadas pela inércia, e por estarmos no automático acabamos cedendo a tudo, mesmo que seja contra a nossa vontade.

Atenção é a chave para nos manter alerta, porque quando estamos atentas o Ego não consegue nos manipular e a lucidez passa a ser nossa companheira diária. Você pode achar difícil no início, mas com o passar do tempo se tornará natural formular os seus pensamentos antes de pronunciá-los. Em vez de dar ênfase ao que você "não" quer, diga o que "você quer" e verá a diferença em todas as áreas da sua vida. Por exemplo:

– Eu quero que você arrume o seu quarto!

– Eu quero que você fale baixo!

– Eu quero que você me ajude!

– Eu quero que você me aceite como sou!

– Eu quero que você faça a lição!

– Eu quero que você me entenda!

Seja sempre direta em suas colocações e não fique dando razões ou justificativas, pois assim a sua intenção não se perderá mediante as inúmeras palavras desnecessárias. Não desanime perante a rejeição inicial das pessoas, você deve ser persistente e paciente, lembrando que o novo é desconhecido aos olhos alheios e por essa razão poderá haver resistência, mas com o tempo você conseguirá se fazer ouvir e não precisará mais ceder ao que não quer, ao que lhe faz mal.

A palavra NÃO por si só deverá ser empregada somente em casos onde a resposta é única e direta, pois assim a energia emanada estará em consenso com a intenção. Por exemplo:

– Mãe, eu quero tomar sorvete antes do jantar!

– NÃO! Sorvete é sobremesa!

– Ana, você pega no arquivo a pasta das despesas do mês para eu lançar mais tarde?

– NÃO! Desculpe-me, mas no momento estou ocupada! Mais tarde, se eu estiver desocupada, posso fazer isso por você!

– Querida, você pega uma cerveja para mim? Está passando o jogo na televisão!

– NÃO! Agora estou ajudando as crianças na lição de casa!

Esses exemplos são meramente simbólicos, para que você compreenda como a palavra "não" deve ser empregada para que se faça ouvir. Você não precisa ser agressiva, simplesmente faça valer a sua voz de comando, pois se está ocupada com algo que lhe é importante, não é justo que pare o que está fazendo para atender o desejo do outro. Lembre-se de que aquela visão de "boazinha" já foi descontruída e você deve se manter firme em suas convicções, se não cairá novamente nas armadilhas do Ego e consequentemente do sistema.

Na sequência seguem várias dicas de como se portar em relação à recusa da sua nova imagem, para que você possa se manter equilibrada às infinitas situações que se apresentarão a partir do momento em que se posicionar sobre suas atitudes:

- Discussões são sempre inúteis, e daqui em diante você terá de ter muita coragem para se conservar intacta em suas convicções, já que todos estão "acostumados" àquela imagem frágil, submissa e boazinha. Ouvir a sua intuição será imprescindível nesses momentos.
- Nos períodos de possível confronto, respirar e acalmar a mente são atos essenciais para não agir por impulso. Uma vez que deixar o Ego se manifestar será difícil não entrar em atrito com o outro, portanto se controlar lhe dá a vantagem de refletir e de se posicionar.
- Em qualquer situação coloque-se como observadora e tente compreender a visão de mundo do outro, pois assim agirá com sabedoria. Se você errou não tenha vergonha de voltar atrás e reconhecer o erro, pois se fazer de vítima não leva ninguém a lugar algum. Feliz daquele que tem a humildade de rever seus atos, porque aprende com os próprios erros e se torna exemplo aos demais.
- Em situações extremadas evite dramatizar e seja objetiva. Claro que não precisa conter as lágrimas, mas procure se equilibrar e não perder o foco trazendo à tona o passado ou assuntos mal resolvidos. Mantenha a serenidade e respeite o que o outro tem a lhe dizer, não o interrompa, fique em silêncio, pois assim pode avaliar com clareza a visão alheia, e na hora de argumentar seja direta, mas não perca a amabilidade.
- Lembre-se sempre de que diálogo não é monólogo. Permita que o outro coloque o seu ponto de vista e não faça "cara feia" quando ouvir o que não gosta, a boa educação nos ensina a ser complacentes para com o ou-

tro. Não se exalte, não grite, não ofenda, pois só assim um diálogo pode chegar a um denominador comum: o entendimento.

- Não se esqueça de que em brigas e discussões não existe um ganhador, porque os dois perdem SEMPRE, e ainda outras pessoas podem sofrer. O melhor caminho é sempre aquele que nos leva ao respeito e ao amor.

Você e o Seu Coração

O coração é a representação do mais nobre dos sentimentos, o amor. Tanto é fato que costumamos desenhá-lo aos pedaços quando estamos sofrendo de amor, e essa manifestação adolescente retrata exatamente como nos sentimos, parece que o nosso coração dói quando não somos correspondidos. Mas saiba que o sofrimento se materializa no físico, não especificamente nesse órgão, contudo nos tira o viço, a pele e o cabelo são os primeiros a mostrar sinais visíveis, podendo nos levar a doenças como a depressão, já que por não aceitarmos a recusa de um amor, a perda de um ente querido, de um emprego ou por estar enfrentando uma dificuldade financeira, o nosso Ego vem à tona trazendo consigo o fantasma do medo, o medo da solidão, da ausência, da incapacidade, da falta, e por não estarmos preparados somos tomados por um turbilhão de pensamentos e sentimentos negativos e conflitivos, gerando mal-estar físico, mental e emocional. Perceba que tudo está diretamente ligado à mente e ao Ego (externo), por isso estar desperta é tão importante.

O despertar nos leva a enxergar a vida pelo prisma da sabedoria e dificilmente somos pegas de surpresa porque compreendemos os dois lados, uma vez que estivemos por longo tempo hipnotizadas pelo sistema. Quando o Ego tenta nos manipular, automaticamente a nossa intuição nos manda um sinal, e a nossa essência se manifesta fazendo com que a nossa mente consciente aja de acordo com a nossa ética existencial e não mais pelas normalidades do sistema. Assim, perante um problema não nos desesperamos, pois sabemos que a solução está dentro do próprio problema.

Como assim?

– Se os problemas são criados por nós a partir de escolhas não assertivas ou por nossa permissão, basta refletirmos em que ponto eles surgiram, e a partir daí buscarmos a melhor maneira de saná-los, mesmo que para isso tenhamos de nos redimir dos nossos erros. Estar desperta e consciente não nos livra de cometer erros, a sabedoria está em reconhecê-los e nos redimir, pois a grandeza das ações está justamente no ato do perdão, e não é vergonha pedir perdão por algo que tenhamos feito, vergonha é ter orgulho para tanto.

Você deve estar pensando:

– O que isso tem a ver com o meu coração?

Eu lhe respondo:

– Tudo, querida amiga! Porque qualquer sentimento que você fique remoendo em sua mente pode se materializar em seu corpo, saber exteriorizá-lo da melhor maneira possível é a chave para que não adoeça. Então, o diálogo é a prevenção para qualquer mal e reconhecer um erro por meio do perdão é sábio, pois evitará que o cometa novamente, já que o processo de remissão faz com que reflita antes de agir, trazendo à mente a familiaridade do ocorrido quando estiver sujeita a cair no mesmo erro.

    Então para que guardar rancor ou ficar remoendo sentimentos e situações mal resolvidas? Converse, coloque para fora o que lhe faz mal, não se permita mais sofrer por coisas banais! Se você não disser ao outro como se sente, ele não irá adivinhar, não é mesmo? Ainda não temos o poder de nos comunicar por telepatia, o outro, na maioria das vezes, nem imagina o que passa em sua mente, por isso o diálogo é tão importante, para que haja harmonia, para que você dê a oportunidade do outro lhe conhecer verdadeiramente, e partindo dessa premissa as brigas e as discussões se extinguirão da sua vida!

"O sofrimento é uma escolha e não uma condição!"

    Agora, quero que você faça uma reflexão de como anda o seu coração (emocional), de como conduz os seus sentimentos e relacionamentos:

Como anda o seu coração?

    Você é uma pessoa que exterioriza os seus sentimentos ou é daquelas que costuma "engolir sapos" e depois fica remoendo centenas de vezes uma situação, simulando o que diria e como agiria?

Costumo dizer que quem tem o hábito de engolir sapos vive com má digestão, e sinto lhe informar que é isso o que acontece realmente, pois o fato de não conseguirmos falar prejudica a nossa saúde. Como disse anteriormente, situações e sentimentos mal resolvidos, com o passar do tempo se manifestam no corpo causando vários problemas, como gripes, vômitos, dores de estômago, flatulências, e somatizando esses sintomas surgem as doenças como gastrite, amidalites, faringites, bem como a depressão.

O ato de externar as nossas mágoas faz com que liberemos aquela energia estagnada. Tanto é verdade que quando conseguimos expressar nossos sentimentos ficamos mais leves, é como se tirássemos um peso das costas, o alívio é instantâneo. Mas quando guardamos essas mágoas, chega um momento em que o corpo necessita pôr para fora o que incomoda, de alguma maneira, por isso as doenças se manifestam.

Como você se relaciona com as pessoas?

Você é uma pessoa que tem bons relacionamentos? É uma boa companhia, agradável, querida, ou é daquelas pessoas que frequentemente tem desavenças, intrigas e sempre acha que o outro é o motivo do rompimento?

Em qualquer relacionamento é preciso haver sinceridade, lealdade, verdade, respeito e amor, seja ele qual for, entre familiares, amigos ou no relacionamento amoroso. Se você é uma pessoa egoica, provavelmente se depara constantemente com perdas e rompimentos, mas se age com o coração deve estar cercada de pessoas que a amam verdadeiramente. O sofrimento só existe na vida de quem não é honesto e não se ama, pois quem se ama não faz ao outro o que não deseja para si.

"Quem ama não fere!"

Passividade e reatividade nos relacionamentos

Em seus relacionamentos, você é passiva ou reativa?

Em ambos os casos o relacionamento está fadado ao fracasso, já que ser passiva a leva abrir mão das suas vontades e ser reativa transforma a sua vida num verdadeiro inferno, pois se está sempre na defensiva, como o outro pode se aproximar?

A passividade nos leva a ser permissivas demais e o padrão do "SIM" se instala num piscar de olhos, justamente pelo medo do confronto, e por não sabermos nos posicionar, aceitamos tudo, até aquilo que nos faz mal. A reatividade nos leva a ser agressivas, e viver ao lado de alguém que sempre vê o outro como inimigo nos transforma em pessoas amargas, das quais ninguém quer estar ao lado. A atenção e a prudência são essenciais para não entrarmos nesses padrões, sim, padrões, uma vez que tanto um quanto o outro nos levarão a ficarmos cada vez mais distantes de nós mesmas. O natural foge a tudo que machuca, ofende, denigre e destrói o ser humano, portanto romper com tudo que nos causa mal é de suma importância para que tenhamos bons relacionamentos em nossas vidas.

"Engolir sapos causa má digestão e engorda."

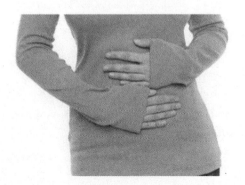

Você e a Sua Sexualidade

Como anda sua sexualidade? Você reprime seu corpo sexualmente? Você tem vergonha do seu corpo? Sexo é um tabu? Na hora do sexo você fica constrangida em falar ao seu parceiro como gosta, o que lhe excita, e abre mão do seu prazer?

Em pleno século XXI o sexo ainda é um assunto que requer muita atenção entre nós mulheres, já que fomos criadas aos moldes retrógrados de nossas mães e avós, em que o sexo era visto somente como "o ato de procriação", em que a palavra "prazer" era um sinônimo de depravação. Não estou generalizando, mas a maioria de nossas mães e avós passou a vida toda sem saber o que é ter um orgasmo, pois se os padrões de antigamente proibiam até de falarem sobre o tema entre elas, como poderiam identificá-lo numa relação sexual?

Ainda hoje, com todas as informações ao alcance das mãos, sabemos que é real o fato de milhares de mulheres ao redor do mundo se anularem em suas relações sexuais por não terem coragem de falar abertamente com os seus parceiros. Isso é mais comum do que você imagina, e mesmo que aparentemente pareça o contrário, essa falsa liberdade conquistada pelas mulheres camufla insatisfações, desejos reprimidos e muita infelicidade sexual.

O sexo é um ato natural entre as espécies, e entre nós, seres humanos, não é diferente. O que nos diferencia dos demais é o fato de sermos "seres racionais", embora colocando dessa maneira, pareça na atual conjuntura do tema em questão que o problema está exatamente aí, na racionalidade. A partir do momento em que agimos com a mente, todos os padrões egoicos nos direcionam conduzindo a nossa vida segundo as influências externas (sistema). Então até que ponto essa "racionalidade" que nos diferencia dos demais seres vivos é benéfica para as nossas vidas? Se o ato sexual faz parte do nosso processo existencial por que permitimos que essas influências nos corrompam?

"Por que complicar tanto algo tão bom para nós?"

O sexo faz bem para a pele, para o cabelo, sem falar das calorias despendidas durante o ato. Afaga a alma, nos deixa mais dispostas, aproxima o casal intimamente. Quanto mais conectado estiver um casal sexualmente, mais essa conexão se refletirá no relacionamento de ambos e no relacionamento deles para com as demais pessoas (familiares, amigos, trabalho). Uma vez que estejam sexualmente bem resolvidos, esse bem-estar se refletirá em suas ações e decisões. Você se sentirá mais confiante, mais viva e tudo à sua volta estará mais colorido, já que essa "cor" é o reflexo da sua essência em harmonia com o seu corpo.

– Nossa, o sexo faz tudo isso?

O ato sexual saudável traz muitos benefícios para nosso corpo, mente e espírito, mas é preciso ressaltar qual é a visão que

Você e a Sua Sexualidade 103

você tem em relação ao sexo, uma vez que ao longo dos tempos o sexo foi banalizado e manipulado pelo sistema segundo os seus interesses. Temos que separar o sexo do amor para abordarmos essa questão, visto que o famoso "sexo causal" virou moda nos dias atuais e suas derivações, como sadismo e masoquismo, são assuntos a se debater, já que qualquer ato que agrida o outro, seja moral ou fisicamente, tem consequências muitas vezes irreversíveis na vida de um indivíduo. Sem falar em sexo livre, abuso sexual e pedofilia, que já são casos de distúrbios mentais e precisam de ajuda especializada.

Esse "modismo" de sexo livre implantado pelo sistema vem causando um curto-circuito nas mentes das pessoas, fazendo com que o banal se tornasse normal (dentro das normalidades do sistema). Contudo essa normalidade acarretou às relações humanas um verdadeiro pandemônio, em que o amor, a dignidade, a sanidade e o respeito foram substituídos pela falsa liberdade dos sexos, em que todo mundo transa com todo mundo sem ônus algum; em que a visão familiar já não se encaixa mais, já que o que conta são os prazeres momentâneos; em que o individualismo impera com força total, uma vez que o prazer individual dita as regras; é mais uma vez a "Era do EU" se sobrepujando. Porém, quando essa onda do "prazer momentâneo" passa, deixa à margem de quem fica para trás somente destroços de sensações e sentimentos confusos, e para quem foi levado com a maré, a implicação de atos impensados que lhes serão cobrados cedo ou tarde. De um jeito ou de outro, ambos terão de arcar com as consequências das suas ações, pois é assim que funciona a lei que rege o Universo. Normalmente pessoas que são adeptas desse tipo de relação, ao longo do tempo sofrem distúrbios emocionais e psíquicos, recorrendo a artifícios químicos (drogas e medicamentos controlados) para preencher a ausência causada por essas relações vazias, acarretando assim dependências químicas.

O que resta saber é até que ponto valem a pena essas experiências, pois a vida em, algum momento, cobrará a juros incalculáveis dessa ação que vai contra a natureza humana.

O sexo casual, ao contrário do sexo livre, não denigre a visão saudável do sexo, são pessoas que não querem ter um relacionamento afetivo e buscam na casualidade suprir suas necessidades sexuais. Se a pessoa tem consciência dessa escolha e não vai se cobrar futuramente pela falta de amor em suas relações, é um ato saudável, mas se com o passar do tempo a cobrança se tornar uma constância em sua vida, aí ela pode desenvolver padrões egoicos prejudiciais, tais como idealização do parceiro ideal, frustração sexual, depressão, baixa autoestima, distúrbios de autoimagem, etc. Isso porque por trás dessa escolha do sexo casual existe uma pessoa extremamente carente, que se autocorrompe acreditando ser superior a essa carência, quando, na realidade, essa máscara criada pelo Ego foi uma defesa de provavelmente vários relacionamentos frustrantes.

Voltando ao tema central, o sexo é o resultado da atração física entre duas pessoas, como você administra essa relação é o que definirá seu conceito nesse âmbito. Se for casual, você tem que estar ciente de que não passará de algumas transas e nada mais. Se tiver um envolvimento afetivo, o contexto da relação é totalmente diferente, pois engloba expectativas, e ainda assim estará sujeita a vivenciar essa experiência por um determinado tempo, e conter a ansiedade é essencial para que não vire cobrança. Já no casamento, com o passar do tempo, a vinda de filhos, o trabalho, a rotina é certeira, e o fogo da paixão tende a abrandar, mas a chama ainda existe e alimentá-la faz parte do processo para se ter uma vida sexual ativa e saudável. Muitos casais nessa fase se distanciam e acabam tendo relacionamentos extraconjugais, justamente por não saberem lidar com os seus anseios e não dialogarem sobre o assunto, o que na maioria das vezes acarreta no término do casamento, quando uma das partes descobre a traição. Entenda que a traição foi inventada pelo sistema para abonar um ato obtuso. Quando alguém trai a confiança do outro, na verdade está traindo a si mesmo, portanto a traição é uma justificativa inerme de quem não tem coragem de se autoenfrentar, por isso age impulsivamente, não medindo as consequências dos seus atos. Contudo, se refletirmos mais a fundo, o outro também atraiu essa traição pelo simples fato de não tentar ouvir ou enxergar o que estava bem diante dos seus olhos, e por essa razão permitiu que se criasse uma barreira entre ambos. Então não existe culpa, pois as duas pessoas são responsáveis, uma pela omissão e a outra pela ação. Cabe avaliarmos individualmente em qual dos lados estamos, e a partir daí rompermos com os padrões que nos levam a agir dessa maneira.

Você deve estar com aquela ruguinha entre a testa nesse momento, não está? O que quero dizer é que em qualquer relacionamento tem de haver o diálogo, se não o outro tende a buscar fora o que não tem dentro da relação, não é assim? E por termos tabus, pudor ou timidez de falarmos abertamente sobre o que nos falta sexualmente, ou como deve ser feito para que cheguemos às delícias do orgasmo, evitamos, simulamos alguma discussão, fingimos a famosa "dor de cabeça", afastando assim a oportunidade de estar intimamente mais conectados. Para quê?

"O ato sexual é o momento em que dois corpos se tornam um, onde o êxtase do orgasmo é a troca mais sublime entre os seres. É onde a vida refaz o seu ciclo natural!"

Como podemos negar ao outro o ensejo de nos proporcionar prazer?

Essa pergunta é para que você reflita sobre a sua sexualidade, como a conduz para o seu bem-estar, para o benefício de seu parceiro, para que você busque em seu íntimo todos os seus anseios em relação ao sexo. Não tenha receio dos pensamentos que lhe vêm à mente, das suas fantasias, dos seus fetiches, lembre-se de que entre quatro paredes tudo é permitido desde que não lhe agrida física ou moralmente. Permita-se explorar a sua sexualidade, dê a chance do seu parceiro lhe conhecer por inteiro, entregue-se a essa experiência e verá como se tornará mais feliz, mais bonita. Não se preocupe com o seu corpo, com as imperfeições que o tempo lhe deu, o que importa numa relação são as armas de sedução, a atração que ambos sentem, o respeito de um para com o outro.

"E que seja infinito enquanto dure", já dizia o poeta!

Sei que ele se referia ao amor, mas por que não ao sexo? Se for sexo com amor, então um arco-íris brindará o êxtase dessa relação! O que está esperando?

O primeiro passo para ingressar nessa jornada de prazeres que o sexo pode lhe proporcionar é conhecer seu corpo, explorar cada parte, pois assim poderá conduzir o seu parceiro nessa viagem. Do contrário, continuará frustrada assistindo ao prazer alheio sem provar o gosto de chegar ao êxtase, e eu sei que não é isso que você quer. Você conhece o caminho, só precisa ter coragem de romper com os padrões que lhe impedem de percorrê-lo, e não há receita de bolo para tal, basta se permitir esse reconhecimento erógeno, pois o seu corpo falará com você e será uma experiência ímpar, já que vai se descobrir verdadeiramente, sem culpa, sem preconceitos, e vale ressalvar que a sua visão em relação ao sexo mudará a partir dessa experiência. Aproveite os momentos em que está sozinha para explorar a sua sexualidade, o banho é uma boa ocasião para isso.

Você e a Sua Sexualidade 107

A partir do momento em que você compreender o seu corpo, todos os tabus e mitos se dissiparão, e o que antes era feio, errado, depravado, cairá por terra, porque você enxergará o sexo como ele realmente é: um ato prazeroso entre dois corpos ardentes que anseiam um pelo outro para se tornarem um só.

O que há de imoral e pervertido nisso? Por que nos venderam essa imagem censurável do sexo, por que insistem em banalizá-lo por meio da pornografia quando na realidade é um ato sublime entre duas pessoas? Por que contribuímos para que o sistema deturpe e manipule algo que nos pertence?

Essas reflexões são para que você busque em seu íntimo exatamente essa visão corrompida sobre o sexo e possa desconstruí-la em sua mente, libertando-se dos véus que lhe impedem de enxergar com a clareza da sua essência, e assim se alinhar à sua sexualidade com naturalidade, pois faz parte do seu processo ter uma vida sexual saudável e prazerosa.

Como já disse anteriormente, entre quatro paredes vale tudo, desde que não lhe agrida moral ou fisicamente. Fantasias e fetiches são válidos para temperar a relação e por que não experimentar algo diferente, criar o ambiente surpreendendo o parceiro. Fazer uma massagem é uma boa dica para conhecer os pontos erógenos dele, e se vendá-lo será ainda mais excitante, já que poderá ver as suas reações enquanto passeia por seu corpo, sem se preocupar em estar sendo observada, e depois sugira a ele que faça o mesmo com você. Garanto que será uma experiência maravilhosa.

O *Kama Sutra* e o sexo tântrico são exemplos interessantes para se explorar, o importante é experimentar para depois avaliar o que lhe agrada mais, o que lhe dá mais prazer, sempre sendo sincera consigo mesma, porque, se não provar, como saberá se gosta ou não? O que realmente importa é que você seja feliz com sua sexualidade, com seu corpo e com seu parceiro, pois assim essa felicidade se refletirá em tudo o que fizer, a tornará mais disposta, seu trabalho renderá mais, seu humor estará melhor do que nunca e todos ao seu redor sentirão a sua mudança vibracional. Quando se está de bem com seu corpo, com sua sexualidade, automaticamente entrará em sintonia com a sua vida e tudo fluirá cada dia mais, e os problemas já não terão o peso de antes porque você estará plena e feliz.

A seguir, algumas reflexões para que você analise como está em relação à sua sexualidade:

Você e o seu corpo

Você gosta da imagem que vê diante do espelho ou é daquelas pessoas que só enxergam as imperfeições e defeitos?

A sexualidade começa quando passamos a apreciar o nosso corpo e isso independe de estarmos acima do peso, de termos imperfeições do tempo como rugas, estrias ou flacidez. Todo corpo tem os próprios encantos e precisamos nos harmonizar com o que temos nesse exato momento, pois se há imperfeições existe um capítulo da nossa história em cada uma delas, e como não amar cada detalhe das nossas experiências?

Com meus quase 40 anos já não tenho mais o corpinho de 20 anos atrás, e nem por isso sinto-me menos atraente pelas estrias que adquiri depois dos meus três partos, ou das ruguinhas que o meu rosto ganhou em decorrência de tantos anos que trilhei pelo caminho da dor, porque elas me recordam todas as vezes que me olho no espelho como sou feliz, como sou privilegiada de estar onde estou e com as pessoas que amo. Tudo é uma questão de perspectiva, de estar desperta. Quando nos amamos de verdade esses detalhes perdem a importância, pois a nossa visão de mundo não é mais baseada no sistema e sim em nossa essência, que nos revela tantas qualidades que essas imperfeições se tornam invisíveis aos olhos alheios. Estou em sintonia com o meu corpo

como jamais estive e desejo sinceramente que você alcance esse grau de discernimento e se sinta assim como eu me sinto, porque o mundo sorrirá quando você passar.

Você e a sua visão do sexo

Você costuma ler sobre o tema ou sexo é um tabu?
　Cada uma de nós teve uma educação sexual diferente e milhares de nós nunca tiveram uma conversa sobre o assunto com suas mães. De um modo ou de outro a nossa visão sobre sexo ainda é insatisfatória e preconceituosa, visto que o sistema sempre burlou essa questão de acordo com os seus interesses, e a maioria de nós cresceu acreditando que o sexo é algo pecaminoso, sujo, ou que sexo só pode acontecer depois do casamento e para procriação, que prazer e sexo são promíscuos, e coisas do gênero, não é?

O ato sexual provém da natureza humana, assim como da natureza animal; quando existe uma atração, nossos instintos se aguçam, é a nossa parte animal que se revela, e se é parte de nós, como poderia ser algo pecaminoso ou sujo?

O que quero dizer é que a imagem que nos foi "vendida" sobre sexo é equivocada, pois quando duas pessoas se sentem sexualmente atraídas não é crime consumar o ato. Claro que existem outras questões envolvidas, como um relacionamento (namoro) ou casamento, a serem discutidas, já que nesses casos o parceiro já existe; o amor, o ingrediente que mantém esse elo também e, portanto, a nossa parte humana contém a nossa parte instintiva sustentando a fidelidade entre as partes. O fato é que sexo é algo natural e foge da normalidade do sistema, por isso deixe de lado todos os tabus, preconceitos e pudores. Pesquise, pergunte, questione e tenha uma vida sexual plena e feliz.

Você e sua sexualidade

Você explora o seu corpo ou é daquelas mulheres cheias de tabus e preconceitos? Você conhece as partes erógenas do seu corpo ou se frustra na relação sexual?

O nosso corpo é como um continente inexplorado repleto de riquezas, que precisa ser desbravado e mapeado para se encontrar os tesouros que ele lhe reserva. Se você não demarcar os pontos chaves (erógenos) pode passar a vida toda sem desfrutar de tudo que eles podem lhe oferecer, e não cabe ao outro essa missão. Precisamos parar com essa mania de idealizar o amante perfeito, se não nos conhecemos sexualmente como poderemos exigir do outro que nos dê prazer?

Esse pensamento de idealização é tão arcaico, mas ainda existem milhares de mulheres em todo o mundo à espera do amante perfeito, aquele que as levará às alturas, vivendo suas ilusões particulares e frustradas com seus parceiros, quando a solução está mais próxima do que imaginam. Se você vive esse padrão em sua vida está correndo um enorme risco de ser trocada pela "grama da vizinha", pois o que não se tem dentro de casa procura-se fora, não é assim aquele ditado popular?

Para se ter uma vida sexual saudável a dois é preciso de honestidade entre ambos, não tenha vergonha de conversar com seu parceiro, de fazer perguntas ou de conduzi-lo durante a relação, e aproveite para se explorar durante o ato sexual. Garanto a você que se surpreenderá, pois para o homem ver a mulher em êxtase é algo intensamente estimulante e sensual.

Em resumo, para se ter uma vida sexual plena é preciso que você se liberte de tudo que a impeça de se enveredar por essa fascinante jornada do prazer. Faz parte do autoconhecimento esse processo físico, pois a partir do momento em que tocamos o outro passamos a ter consciência de nós mesmas. Você já percebeu que quando abraça alguém na realidade está se abraçando?

A falsa ilusão nos remete ao entendimento egoico de que estamos nos doando, mas é nesse instante que passamos a nos sentir verdadeiramente, já que o outro passa a ser o reflexo de nós mesmas, e assim é com todas as manifestações de carícias corporais. O sexo é a manifestação mais plena desse reconhecimento, e por essa razão devemos refletir como anda a nossa vida sexual, já que influencia diretamente na percepção que temos como seres humanos, e consequentemente da nossa visão de mundo, partindo da premissa de que essa visão é baseada em quem somos (dispersos ou despertos).

Então liberte-se dos tabus, dos pudores e preconceitos, desperte para uma vida sexual saudável, informe-se e converse com o seu parceiro, permita conhecer-se verdadeiramente e seja feliz.

Você e a Sua Visão de Mundo

Visão de mundo nada mais é do que como você se vê em relação a si mesma, em relação às pessoas e ao mundo. É a construção do seu mundo particular, da sua bolha, que ao longo do tempo vai agregando suas experiências, e embasada nelas segue sua vida. É preciso lembrar que essa visão (externa) foi construída com base no seu Ego desde o seu nascimento, e conforme foi crescendo ela foi sendo moldada de acordo com as influências externas, e há de se fazer um balanço para ver até que ponto a sua visão é benéfica ou prejudicial em suas escolhas. Cada experiência vivida deixou registros e marcas, a partir dos quais o seu caráter foi se moldando, mas agora que está despertando do sono profundo, já consegue avaliar o que é real e o que é ilusão em sua vida.

Como já falei anteriormente, é preciso desconstruir para construir, e com a visão de mundo não seria diferente, pois cada pessoa tem uma visão distinta, já que foi construída baseada nas experiências vividas, portanto diferente da sua. Mas como o ponto em questão é você, deixemos o outro de lado nesse momento, pois o importante é você se alinhar à sua essência e respeitar o processo de cada um. O Ego nesse estágio passeia livremente em sua mente, conduzindo suas escolhas e manipulando os seus atos, justamente por você estar vendada pelo sistema (influências externas), e domá-lo é essencial para que desconstrua essa visão equivocada que você tem da realidade (ilusão).

A sua visão de mundo até agora é um reflexo egoico que está ligado ao sistema, portanto, a realidade que pensa viver é pura ilusão. Quando se permitir enxergar com os olhos da alma, essa visão acortinada do Ego cairá por terra e você poderá ver a vida exatamente como ela é, simples e bela. Tudo que antes parecia ser tão importante para sua vida perderá o sentido, pois não precisará buscar no TER a felicidade, ela brotará de dentro de você, e a necessidade de preencher a todo custo aquela falsa imagem de felicidade se extinguirá, já que se abastecerá naturalmente e não sentirá a sua ausência, pois ela fluirá através de todas as células do seu corpo.

Parece utópico, mas é exatamente assim que acontece, você verá um mundo real, sem dependências, sem necessidades, porque tudo o que precisa está dentro de você e tudo que antes achava essencial para ter a sensação de felicidade será totalmente dispensável, roupas, joias, carro, viagens, nada lhe trará esse estado de espírito. Tudo que adquirir a partir de então será com a nova visão de mundo e será para agregar valores como conforto e estabilidade, e não mais por imposição do sistema, porque não é errado querer ter um belo carro ou uma bela casa, ou se vestir bem, entenda que tudo o que lhe faz bem é válido desde que você esteja de bem consigo mesma, desde que não busque nesses artifícios a felicidade. Faz parte da nossa vida ter metas e sonhos, isso é saudável, só passa a ser uma muleta quando buscamos fora o que está dentro. Compreende?

Você e a Sua Visão de Mundo   115

Mas como desconstruir uma vida toda?

Um bom começo é você avaliar o que realmente é importante para a sua vida. Quebre paradigmas, permita-se algo novo,
saia da rotina, pois somente deixando a zona de conforto conseguimos avaliar o que realmente é importante para nós. Dançar,
cantar, praticar um esporte, fazer um novo curso que fuja de tudo
o que você fez até hoje, use a sua imaginação, até o simples ato
de mudar o caminho para ir ao trabalho serve. Aproveite para
resgatar um sonho de infância, quem sabe não se surpreenderá?

Na infância ainda estamos diretamente ligados a nossa essência e é por essa razão que não devemos impedir nossos filhos
de se expressarem nessa fase, pois é nela que se revela a nossa
missão de vida. Nessa etapa caminhamos livremente entre os
dois mundos, o Ego ainda está em formação e não tem tanto
domínio sobre nós, e os que tiveram o apoio familiar, hoje estão
alinhados aos seus propósitos, desempenhando suas missões,
porém a maioria se perdeu dentro do sistema que os corrompeu
desviando-os do caminho, e certamente encontram-se infelizes
em suas vidas, buscando freneticamente no TER suprir esse
afastamento do real propósito de estarem aqui nesta vida. Digo
isso com conhecimento de causa, pois até me alinhar à minha
missão de vida, perambulei por profissões, relacionamentos e
situações desastrosas, mas quando ouvi a voz da minha alma,
compreendi que o que eu buscava desesperadamente fora estava
mais perto do que eu podia imaginar, e a partir do momento
que decidi dar um basta a tudo que me fazia sofrer, uma luz na
escuridão surgiu e tive o privilégio de reencontrar o amor da
minha vida com quem estou até hoje, e passados alguns anos de
preparação nos foi revelada a nossa missão de vida, que é exatamente o que fazemos hoje: levar a palavra, o esclarecimento às
pessoas. Não pense que foi fácil a nossa jornada até aqui, pois
quando você se alinha ao seu propósito, muitas provações são
colocadas no seu caminho, justamente para tentar lhe desviar,

para tentar lhe corromper a voltar atrás e desistir, mas com coragem e fé é possível superar qualquer obstáculo que surja em sua caminhada, e depois que você desconstrói aquela visão egoica de mundo, dificilmente aceita o que o sistema lhe apresenta. Pode até ficar tentada, mas a sua essência imediatamente lhe revela as armadilhas do Ego, e por estar desperta não aceitará mais ser manipulada ou corrompida novamente.

Desconstruindo sua visão de mundo

Para que você avalie sua visão de mundo, a seguir faremos um exercício para que identifique o quanto ela afeta a sua vida, se benéfica ou prejudicialmente, e lhe darei ferramentas para que possa desconstruir padrões equivocados e construir hábitos saudáveis, e assim se alinhar à sua essência feminina.

Em uma folha de papel escreva "***Desconstruindo a minha visão de mundo atual***" e em outra folha escreva "***Construindo a minha nova visão de mundo***". Pegue a primeira folha e nela você escreverá como está a sua vida em todos os aspectos até agora, profissional, familiar e pessoal.

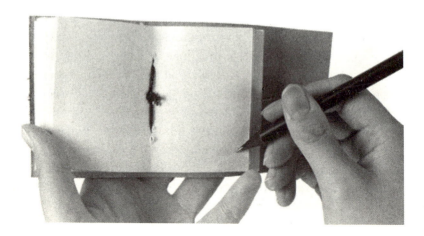

Descreva com riqueza de detalhes para que a sua essência possa captar as suas emoções em relação a cada item e assim tenha informações suficientes para avaliar os efeitos que eles causam em seu processo de vida.

É importante nesse momento que seja sincera consigo mesma, pois é a partir dessa descrição que iniciará a desconstrução da sua visão egoica de mundo que tanto lhe faz sofrer. Não importa a ordem dos fatos, a escrita, o que realmente importa é que abra o seu coração e seja verdadeira. Esse exercício é justamente para que você se coloque como observadora de si mesma e consiga enxergar-se sem as cortinas do sistema. Então aproveite esse momento para se questionar, para avaliar os seus padrões e preconceitos, suas posições em relação a trabalho, amigos, marido ou namorado, filhos, família, bens materiais.

Por exemplo: *Atualmente estou infeliz no meu trabalho porque os meus colegas subestimam a minha capacidade profissional, o que me deixa desanimada e faz com que meu trabalho não renda, com que eu cometa falhas.*

Não consigo educar os meus filhos como eu gostaria porque vivo estressada e cansada, o que faz com que eu seja relapsa e deixe-os fazer o que querem.

A minha vida conjugal está estagnada, quase não fico com meu marido e quando podemos, sempre estou distante e cansada. Vivo dando desculpas e por não estar disposta acabamos brigando.

E assim sucessivamente, com todas as áreas da sua vida. Escreva tudo o que lhe vier à mente, mas faça com o coração, para que o Ego não lhe corrompa. Quando terminar deixe essa folha de lado e pegue a outra, mas agora escreverá como gostaria que sua vida fosse, aproveitando para refletir sobre todos os pontos em questão, pois lembre-se de que foram suas escolhas inconscientes que fizeram estar como está. Então ao descrever a sua nova visão de mundo faça valer o poder das suas palavras e decrete o melhor que tem a oferecer, porque nesse instante é você quem está no comando, é a sua essência desperta, consciente, que estará lhe guiando. Deposite todos os seus sonhos e desejos para a sua vida.

Por exemplo: *A partir desse momento a opinião alheia não me afetará mais no trabalho, porque sei da minha capacidade, e aqueles que não estiverem em sintonia com o bem, com a verdade, com a solidariedade e com a justiça naturalmente seguirão seus caminhos, me deixando livre em meus propósitos profissionais. Que a minha inteligência e sabedoria me guiem profissionalmente e me tragam todas as condições de crescimento e de oportunidades, para que eu possa realizar os meus desejos por meio dos meus méritos.*

A partir de agora o cansaço não me impedirá mais de dar a devida atenção aos meus filhos, e serei firme em minhas convicções dizendo "NÃO" sempre que necessário e não esmorecerei, pois os amo e desejo o melhor para suas vidas. O amor e a paz reinarão em meu lar e a felicidade será a nossa companheira.

A partir de hoje darei o devido valor ao meu relacionamento conjugal (ou amoroso), valorizando o meu parceiro, sendo mais paciente e não usando minhas frustrações como muleta. O diálogo será a nossa ferramenta diária e farei valer a minha voz para expor os meus desejos.

Faça isso com cada ponto que descreveu na folha anterior revendo cada padrão egoico e cada situação, e afirmando para si mesma como quer que a sua vida seja daqui em diante. Quando você decreta o que realmente quer sem resistência ou manipulação do Ego, a sua intenção é clara como água cristalina, e como os seus pensamentos e palavras são pura energia, esta vibrará tão intensamente que alcançará as mais altas frequências, fazendo com que tudo o que desejou seja lançado ao Universo e se precipite em sua vida por intermédio da realização. É assim que age a Lei da Atração, pensamentos geram sentimentos que geram vibrações que se alinham a determinadas frequências; se forem fortes o suficiente, o Universo lhe corresponderá imediatamente, trazendo para si a realização dos seus desejos. A ressalva é sempre estar atenta aos padrões do Ego, pois os seus sonhos só se realizarão se estiver conectada à sua essência, que é livre de qualquer dogma, crença, preconceito ou do medo, o maior vilão do sistema.

Concluídas as duas etapas você pegará a primeira folha e fará um pequeno ritual de exorcismo, esse ato é simplesmente para que elimine definitivamente da sua vida tudo o que lhe fez mal até agora. Então coloque a folha dentro de um recipiente (não inflamável) e numa área segura queime o papel dizendo em pensamento:

"Que através do elemento fogo seja eliminado da minha vida tudo o que me faz mal!"

Faça uma oração de sua preferência para finalizar esse processo, pedindo a Deus que lhe dê o amparo necessário para se manter firme em seus propósitos, e que o amor seja o seu guia daqui em diante.

Quanto à outra folha, na qual você descreveu sua nova visão de mundo, guarde-a num local de fácil acesso para que possa de vez em quando lê-la, fortalecendo assim a sua essência e evitando que seu Ego se manifeste. Esse exercício pode ser refeito sempre que necessário, mas não esqueça de se autoavaliar para não cair nas armadilhas do Ego.

Você e a Sua Essência

A sua essência é o seu *Self*, o seu Eu Interior, é a sua ligação direta com a Energia Suprema do Universo, com Deus. A sua alma é seu verdadeiro eu, a imagem que você vê no espelho todos os dias é simplesmente o instrumento que você escolheu para vivenciar suas experiências aqui na Terra. Tanto é, que depois da nossa partida, a única parte de nós que segue é a nossa essência, e o nosso corpo volta à sua origem terrena.

"Do pó ao pó!"

Então por que damos tanta importância ao que os olhos podem ver e ignoramos o que nos é verdadeiramente real? Quantas vezes você parou alguns instantes para agradecer o fato de estar viva?

Somos tão egoicos que não nos damos conta de que se estamos vivos é justamente pelo fato de a nossa alma, nossa essência, fluir em nós, e que esse instrumento que carregamos é simplesmente uma ferramenta para que possamos concluir a nossa missão aqui na Terra. Esse corpo, essa imagem que vê diante do espelho todos os dias não é o seu TODO, é apenas uma parte, um pedaço importante, mas ainda assim, somente um elemento que compõe a sua consciência divina.

O que quero dizer é que estamos tão automatizados vivendo em nossos mundos particulares de urgências e emergências (sistema egoico), que nos esquecemos do real propósito de estarmos aqui. Cada um de nós, sem exceção, veio cumprir uma missão, um propósito de vida, e por estarmos inseridos nesse sistema de valores corrompidos passamos a acreditar que o real é o que nossos olhos carnais veem, e por essa razão anulamos a visão da alma, nos distanciando de nós mesmos. Quanto mais o tempo passa e ficamos dispersos, mais indecifráveis se tornam os sinais que a nossa essência nos dá, pois a venda que nos cega vai nos envolvendo e ofuscando a nossa verdadeira visão, deturpando a nossa mente e nos transformando em marionetes.

Compreenda que cuidar do corpo é nossa responsabilidade, já que é com o auxílio dele que podemos executar as nossas funções, mas se não cuidarmos da alma, da nossa essência, de nada vale nos mantermos saudáveis. Esse padrão de cultuar o externo (corpo) nada mais é do que o sistema lhe corrompendo para que se esqueça do real propósito de estar viva, é exatamente para lhe desviar do caminho. Você só será inteira a partir do momento em que se harmonizar com sua essência, pois é ela que lhe dará o devido suporte para seguir a sua estrada, para concluir o Livro da Vida, para escrever sua história, aquela que predeterminou antes de nascer, e só conseguirá esse feito se permanecer desperta.

Quando estamos despertos, naturalmente corpo, mente e espírito se tornam um só, porque nos tornamos inteiros e não apenas uma parte. Para tanto é preciso acordar do sono da ignorância, é preciso romper com o sistema que insiste em lhe deixar na inércia, é preciso domar o Ego para que a sua conexão com o seu eu divino seja clara e para que a sua missão lhe seja revelada. Todos nós viemos a esse mundo com um propósito específico e

Você e a Sua Essência 123

se alinhar a ele é algo incomensurável, pois uma vez concluída essa missão você dará um salto quântico em sua vida e sua alma alcançará uma elevação inimaginável.

O seu papel dentro do contexto universal é único e essencial para a evolução humana, visto que cada um de nós faz parte de um imenso projeto divino, e poder concluir o que se propôs é indispensável para a realização desse grande plano. Parece utópico colocando dessa maneira, mas é exatamente assim que o Grande Arquiteto do Universo planejou, somos todos partes de algo muito maior do que a nossa mente pode imaginar.

Não fique se remoendo em preocupações achando que deve mudar o mundo, fazer grandes feitos, pois a sua primeira ação é justamente mudar o seu mundo, quebrar todos os paradigmas, romper com todos os padrões que adquiriu ao longo dos anos. Fazendo isso você automaticamente mudará o mundo à sua volta e se alinhará à sua essência e a sua missão será revelada. Entenda que **missão** não significa sacrifício ou sofrimento, é exatamente o contrário, missão quer dizer "minha ação", portanto, é como a sua ação fará a diferença na sua vida, na vida das pessoas que estão ao seu redor e consequentemente no mundo.

Você pode, nesse momento, estar conectada à sua missão sem ter consciência. Eu, por exemplo, durante o período em que estive dispersa, apesar de não saber o meu real propósito, inconscientemente vinha cumprindo a minha missão, que é levar a palavra. Durante toda minha vida fui procurada pelas pessoas para aconselhá-las e consolá-las, e não compreendia o porquê de virem a mim, já que muitas vezes era eu quem precisava de um colo, de uma palavra, mas mesmo assim, sempre estive pronta para estender as mãos, era algo natural em mim. Passados os anos, as minhas experiências me mostraram que tudo o que fiz em minha vida estava diretamente ligado à palavra, e quando despertei e me alinhei à minha essência, foi revelada a minha missão e desde então venho me dedicando a levar a palavra às pessoas.

Mas não pense que a minha estrada foi sempre bela e repleta de flores, tive de carregar muitas pedras ao longo do caminho, porém essas pedras serviram-me de alicerce para que eu pudesse transpor muitos obstáculos, e entre erros e acertos cheguei aqui, nesse exato momento, onde relato a você a minha experiência.

Você deve estar se perguntando como descobri o meu propósito de vida e se indagando se está alinhada à sua ou muito distante, não é?

A minha revelação foi quando, num *insight*, me vi entre lápis e papéis, ainda criança, e como era feliz escrevendo histórias. Isso aconteceu em meados de 2006, quando estava em uma crise existencial, pois o meu trabalho, embora me trouxesse retorno financeiro, não me dava prazer, e os questionamentos vieram fazendo com que sentisse um vazio imenso. Nesse mesmo período o meu marido vinha tendo sonhos (projeção astral), e neles a imagem da capa de um livro surgia, e como ele tem facilidade em desenhar rascunhou aquela imagem. Foi quando despertamos para os nossos propósitos de vida, porque para nós a missão é a mesma. Então escrevemos o primeiro livro *A Lei da Atração: o Poder que Você Tem, mas Nunca Lhe Foi Dito*, 2007*. Foi um divisor de águas em nossas vidas, já que a partir daí passamos a nos dedicar integralmente à área literária. Não foi nada fácil romper com os padrões e tivemos muitas provações ao longo do caminho, mas hoje sei que essa é a nossa estrada.

Na infância é quando as missões se revelam, pois estamos diretamente conectados à nossa essência. A nossa mente ainda não foi corrompida pelo Ego e pelo sistema e nossas lembranças da alma estão latentes, por isso habitamos nos dois mundos (real e ilusório) sem ônus algum. Se você se perdeu ao longo do caminho, está aí a chave para resgatar todas as informações que se apagaram com o tempo, e basta acessar o

---

*N.E.: Obra publicada pela Madras Editora.

seu arquivo de memória para buscar em sua essência qual é o real motivo de estar viva. A partir do instante que reconhecer a sua missão de vida, esse vazio existencial que tanto lhe atormenta será preenchido como num passe de mágica, visto que o seu propósito se manifestará em Luz e tudo fará sentido, tudo se encaixará. Até mesmo os atalhos que tomou, os erros que cometeu, as oportunidades que perdeu, as marcas que adquiriu terão um significado, pois compreenderá que cada atalho, cada erro, cada oportunidade perdida ou cada marca fizeram parte do processo de alinhamento para o seu crescimento como SER humano e, se refletir sem as vendas do Ego, enxergará em cada etapa um degrauzinho rumo a si mesma.

Costumo dizer que todo lado ruim também tem um lado bom e mesmo estando inconscientes nos é dada a chance de reconhecer a que viemos. Basta um lapso de lucidez e naquele milésimo de segundo temos a clareza da alma, mas na maioria das vezes estamos tão desatentos que não percebemos esse milagre da vida. Porém é sempre tempo de acordar, de despertar e de se alinhar à essência e à própria missão de vida, resta saber se é isso que você realmente deseja.

– O que você realmente deseja, querida amiga? Ficar aí sentada se lamentando pelo tempo que passou, pelo amor que perdeu, pelo emprego que não conseguiu, pelos problemas, frustrações e insatisfações? Vai continuar nessa roda viciosa do padrão do SIM até quando? Você se ama e se respeita de verdade? Então é chegada a hora de gritar para todo mundo ouvir que você "CANSOU DE SER BOAZINHA", que daqui em diante é você quem está no comando da sua vida, que você é capaz de romper com tudo o que lhe faz mal, que você se ama de verdade e que você merece o melhor, não mais só o bom! Chega de ser usada, manipulada, anulada por todos! Agora a voz de comando é sua e você escreverá a sua história! Você já despertou do sono da ignorância, já conhece as armadilhas do Ego e do sistema, ninguém mais ditará regras

ou normas, pois você não é normal, você já resgatou a sua parte humana, a sua natureza humana, e está conectada diretamente à sua essência, à sua alma, e quem tentar lhe corromper agirá em vão porque você é forte, é corajosa e sua fé em si mesma e em Deus são inabaláveis! O medo não reside mais em sua mente, ele já foi banido da sua vida porque você confia em sua intuição e é capaz de realizar o que desejar, nada é impossível para quem persiste e você acredita no seu poder criador! A Luz da sua Verdade se manifesta em seu coração e ilumina o seu caminho em direção ao seu propósito maior, e não importa os obstáculos que haverá no caminho, porque você é capaz de superar qualquer barreira, você está pronta para receber a sua herança divina que lhe é de direito! Que a sua missão se manifeste no aqui e no agora e que se precipitem dos céus todas as suas potencialidades para a realização do seu propósito de vida! Que assim seja!

Você consegue perceber o poder que tem em suas mãos? Que cabe somente a você a escolha de romper com todo o sofrimento, com tudo o que lhe faz mal? Que você é capaz de tomar as rédeas da sua vida e escrever a sua história daqui em diante?

O parágrafo acima, em itálico, embora você não tenha compreendido, é um decreto de alinhamento e tenho certeza que quando você leu se emocionou, assim como eu quando o fiz. Essa emoção nada mais é do que a sua alma se libertando das amarras do Ego e vindo à tona em seu ser, é a sua parte divina se manifestando em essência. Apesar de ser uma transformação sutil, o seu estado vibracional tomou uma proporção inimaginável e sua aura se expandiu quilômetros. Se você pudesse ver com os olhos carnais ficaria extasiada com tamanha magnitude, mas saiba que a sua alma resplandece de felicidade por você permitir a sua revelação, e agora na mais perfeita harmonia o seu corpo, a sua mente e o seu espírito sorriem de mãos dadas, em sintonia com o mais nobre dos sentimentos, o Amor. O amor que tudo cura, que tudo transforma, que une e abençoa, a forma mais sublime do sentir, a representação perfeita de Deus em nossas vidas.

Você é o amor de Deus em manifestação aqui na Terra e por essa razão você é um templo vivo e deve honrar esse privilégio que lhe foi dado vivendo em sintonia com Ele! Ame-se verdadeiramente, ame a sua vida, as pessoas que estão ao seu redor, a sua condição humana exatamente como ela é, ame a sua casa, a sua família, os seus amigos, o seu trabalho, a Natureza e o mundo! Não permita que tirem de você o direito de SER feliz e faça essa jornada ser inesquecível, repleta de bons momentos, de alegrias, de vitórias e de muito, muito amor!

A técnica a seguir será uma grande viagem para dentro de si mesma e lhe permitirá acessar todas as informações necessárias para que a sua missão de vida lhe seja revelada. Mas para isso você deve estar ciente de que a partir do momento que tomar conhecimento não poderá voltar mais atrás, pois a responsabilidade dessa revelação será unicamente sua e o que fará depois dela também. Você tem o livre-arbítrio que lhe dá total liberdade de escolha, porém, como já foi dito anteriormente, toda escolha gera uma consequência e quando se está desperta não há como se esquivar, porque a sua consciência lhe cobrará constantemente. A pessoa que está dispersa também é cobrada, mas como não tem consciência dos seus atos entra numa espiral descendente energética e se afunda em lamúrias procurando um causador para o seu sofrimento, nunca irá admitir que é responsável por todo o mal que a cerca. Essa é a única diferença entre o desperto e o disperso, contudo a vantagem do despertar é que assumindo as consequências das escolhas feitas, somos poupados das armadilhas do sistema. O que iremos fazer a partir daí é o que nos permite evoluir, e entre erros e acertos vamos aproximando-nos cada dia mais de nós mesmos.

Indo ao encontro da sua essência

Como nos exercícios anteriores procure um local onde não será interrompida e acomode-se confortavelmente. Inspire profundamente e solte todo o ar. Inspire pela boca e expire pelo nariz. Quando inspirar mentalize "eu estou" e quando expirar mentalize "relaxando". A cada respiração vá liberando todo pensamento que lhe venha à mente, deixe os problemas, o estresse, a correria do dia; deixe todas as inquietações se dissiparem da sua mente. Esse momento é seu. Respire lentamente algumas vezes até sentir cada parte do seu corpo relaxar. Pés, pernas, genitálias, abdômen, peito, costas, ombros, braços, mãos, pescoço e cabeça.

Agora que está relaxada e confortável, visualize uma luz violeta vinda do céu em sua direção, banhando todo o seu ser. Sinta essa luz aquecendo o seu corpo, penetrando em todas as suas células e em todos os seus órgãos, envolvendo a sua mente e transmutando todos os sentimentos destrutivos que vêm lhe causando tanta dor: raiva, mágoa, ódio, rancor, inveja, ciúme, medo, tristeza. Agora essa luz aos poucos vai ficando dourada, intensa e pulsante. É inevitável resistir ao seu ritmo, não resista, entre em sintonia com o Universo que pulsa cadenciado no mais puro amor. Esse amor é a pura manifestação de Deus, que vibra do macro para o microcosmo, do Universo para dentro de você. Sinta Deus pulsar em seu coração, pois Ele vive em você. Todos somos unos no amor do Pai, você não está sozinha, eu estou com você, a Natureza está com você, o planeta está com você, o Universo está com você, Deus está com você.

Essa luz dourada que lhe banha agora se transforma num vórtice energético e ultrapassa todas as barreiras do tempo e do espaço, e você permanece conectada diretamente à Fonte que tudo provê e seu arquivo de memória da alma se abre permitindo que você resgate, nesse momento, as informações necessárias para o cumprimento da sua missão de vida. Volte em sua

Você e a Sua Essência 129

infância e traga a sua criança interior para o tempo presente, pois ela é a porta-voz da sua alma, da sua essência, e a guiará nessa jornada. Deixe que as recordações dessa época passeiem por sua mente sem resistência, sem controle, porque nelas está codificado o seu propósito maior. Lembre-se das brincadeiras, das suas preferências, do que a deixava imensamente feliz. Aguce os seus sentidos, sinta os aromas, os sabores, visualize as cores e as formas, ouça os sons, deixe a sua imaginação materializar cada detalhe, cada cenário, cada paisagem, as pessoas, enriqueça o quanto puder essa experiência, pois é como se você estivesse vivenciando-a novamente.

– Se não conseguir visualizar ou não lhe vier nenhuma lembrança à mente, fique tranquila, pois Deus se revela das formas mais variadas. Muitas pessoas têm dificuldade no processo de visualização, mas saiba que todos nós temos esse mecanismo, basta aprimorarmos com a prática. Contudo, nesse momento, não se preocupe, porque apesar de não conseguir materializar suas lembranças, elas estão aí dentro de você e a sua essência está em conexão direta com todas elas. No seu devido tempo os sinais surgirão, e como você está desperta os identificará com facilidade. Então respire, relaxe e aproveite.

Agora que todas as informações já foram acessadas por sua essência, sua consciência divina, respire profunda e lentamente, liberando todas as imagens, sensações, sentimentos e lembranças, de volta ao seu arquivo de memória da alma. Tudo o que lhe foi revelado retorna em Luz para a Fonte e permanece somente o passado-presente dessa vida. O seu coração resplandece a gratidão por estar desperta, por se permitir esse reencontro, por honrar o seu compromisso no aqui e no agora. Enaltecidos pelo Amor Maior todos os seus corpos se harmonizam em um e saúdam esse momento histórico em sua vida. Você é vida, você é luz, você é amor, você é a magnificência de Deus e nesse instante todas as suas potencialidades precipitam-se dos céus e se alinham à sua essência, para o cumprimento da sua missão. Que lhe seja dado o que é seu por direito e herança e que Deus permaneça Vivo em todos os dias da sua vida!

Inspire profundamente e solte. Lentamente o vórtice de luz dourada vai diminuindo o seu fluxo e voltando à sua origem. Você vai sentindo lentamente a sua intensidade, a sua pulsação diminuir, até que seja apenas um brilho distante no céu, como uma estrela guia pela qual você se orientará daqui em diante.

Aos poucos volte a atenção para o seu corpo relaxado e calmamente vá sentindo a sua cabeça, o pescoço, os ombros, as mãos, as costas, o peito, o abdômen, as genitálias, as pernas e os pés.

Espreguice-se bem devagar, contemple esse momento, querida amiga, pois você renasceu para uma nova vida, para o seu real propósito de estar aqui e a partir de agora você tem todas as informações de que necessita para a realização da sua missão aí dentro de você, da sua essência. Mas tenha calma, que no devido tempo você se recordará, quando menos esperar virá à sua mente *flashes* de lembranças, de imagens, de cenas, que ativarão a sua intuição lhe revelando o caminho a seguir, basta você estar atenta aos sinais!

Diferentemente dos outros exercícios, essa técnica não deve ser repetida, a não ser em casos onde a pessoa esteja sobre a influência do Ego e não consiga finalizar o processo. Caso contrário, se você sentiu-se bem, relaxada e acompanhou todos os procedimentos, mesmo que não tenha conseguido visualizar as suas lembranças, não precisa refazer a técnica, pois a sua essência acessou tudo o que era importante para o cumprimento da sua missão, e no devido tempo lhe será revelada. Fique somente atenta daqui em diante em se manter em sintonia com a sua essência, pois se o Ego lhe dominar novamente você poderá entrar na roda

Você e a Sua Essência

viciosa do sistema e voltará a viver no automático, entrando mais uma vez no mundo da ilusão.

O objetivo desse livro é exatamente ajudá-la em seu processo de alinhamento, use-o como um guia para fortalecê-la em suas novas convicções e ampará-la em sua jornada. Toda vez que sentir-se tentada pelo Ego releia os capítulos que lhe convierem para manter-se firme em seus propósitos, pois o conhecimento só é válido em nossas vidas quando o aplicamos em nossas experiências, a isso chamamos de verdadeira sabedoria.

"A verdadeira sabedoria está embasada em nossas experiências."

Considerações Finais

Você chegou ao fim desta jornada bravamente, querida amiga, autoenfrentou-se, domando seu Ego, suas facetas e máscaras que bem pouco tempo atrás nem imaginava existirem, percorreu caminhos obscuros da sua mente, vasculhou o seu arquivo de memória e permitiu que todas as feridas passadas fossem abertas, encarou os seus piores fantasmas com coragem liberando assim todo o sofrimento que a envolvia. Aprendeu a acalmar a sua mente para ouvir a voz da sua intuição, foi capaz de reconhecer os padrões, dogmas e crenças daquela visão deturpada de mundo que o sistema fez com que acreditasse ser real e desconstruiu toda uma vida embasada em valores vãos, construindo uma nova vida alicerçada no bem, no amor e no respeito, e pela primeira vez se amou de verdade.

    A imagem que vê diante do espelho a partir de agora é você, é a sua essência em plena sintonia com a sua verdade, com a sua real visão de mundo, com o seu corpo, com a sua sexualidade, com a sua mente e o seu coração. É você inteira e não mais pela metade, é você em harmonia com as pessoas, com o mundo e com o TODO. Toda dor e sofrimento já não existem mais, agora você é felicidade, você é paz, amor, prosperidade, abundância, sabedoria, conhecimento, coragem e fé.

Nada será capaz de lhe desviar do seu real propósito de vida porque você está desperta e não aceita mais ser manipulada, enganada, magoada, rejeitada, anulada ou corrompida. Aquele ser frágil e dependente se tornou apenas uma vaga lembrança do seu processo de despertar, pois a verdadeira mulher que habita em você ressurgiu das profundezas obscuras do Ego e veio para ficar.

Agora o poder de conduzir a sua vida está em suas mãos, os outros serão somente coadjuvantes e figurantes do novo capítulo que irá escrever no Livro da Vida. E este será repleto de alegrias, superações, conquistas, surpresas e momentos maravilhosos, porque você despertou do sono profundo da ignorância em que o sistema lhe manteve por longo tempo, o caminho da dor ficou para trás com tudo que lhe fazia sofrer.

Hoje você decidiu trilhar pelo caminho do amor, suas escolhas serão conscientes e a levarão realmente aonde quer chegar, cada vez mais para perto de si mesma. Todos os seus pensamentos, palavras e ações estarão alinhados ao seu bem-estar físico, mental, emocional e espiritual, porque o amor habita em você,

Deus vive em você e as Suas bênçãos, que lhe são de direito por herança divina, precipitarão dos céus como chuva torrencial, e a felicidade não é mais uma condição e sim um estado efetivo de essência em sua vida.

Querida amiga, agradeço-lhe pela oportunidade de fazer parte desse capítulo tão importante da sua história, onde a sua permissão foi imprescindível para que pudéssemos caminhar juntas nessa viagem rumo ao desconhecido! Você foi muito corajosa, autoenfrentando-se e abrindo mão de tudo que lhe era familiar até aqui, mas a partir de agora o novo lhe é dado de presente para que possa realizar todos os seus sonhos e ser VERDADEIRAMENTE a mulher magnífica que habita em você! Que o melhor se manifeste em sua vida e que o amor impere nos seus dias, lhe trazendo serenidade e paz! E quando o padrão do SIM tentar seu Ego, calmamente você sorrirá e, desperta em essência, dirá:

– Não! Cansei de ser boazinha!

Amorosamente, Sueli Zanquim.

Conclusão

Os saltos quânticos

Quando as menores partículas de matéria da nossa consciência são iluminadas pela luz manásica, significa que estamos absorvendo mais uma nova informação, e quando essa nova informação é compreendida, ela se torna algo real e intransferível. Uma verdade pessoal se estabelece na mente de quem a recebe e, a partir daí, essas partículas começam a se iluminar e a se expandir cada vez mais.

Quando um fenômeno desses ocorre, essas partículas jamais conseguem voltar ao seu tamanho anterior, pois agora estão repletas de luz. Essas pequenas manifestações da matéria começam a acumular cada vez mais energia, cada vez mais luz e mais informações, até o momento que não mais suportam tamanha concentração energética e acabam explodindo. Nesse momento, toda a energia que ficou acumulada em forma de luz dentro daquela pequena partícula de consciência é lançada para fora, transformando aquela minúscula partícula em uma microusina capaz de produzir e irradiar uma luz própria.

A partir do momento em que essa energia livre é irradiada, ela provoca milhares de minúsculas reações luminosas que acabam alterando todas as outras partículas. Cria-se então uma reação luminosa em cadeia, e todas essas outras partículas acabam se tornando também pequenas usinas de luz e veículos de informação.

Esse fenômeno, conjunto de partículas iluminadas e agrupadas, é o que chamamos de salto evolutivo da consciência. A explosão dessas partículas subatômicas é o que determina esse salto. Quando uma partícula de consciência sofre uma explosão dessa magnitude, ela nunca mais volta ao seu estado original.

Ilustração demonstrativa

Em resumo, quando uma mente se torna esclarecida, extinguem-se todas as formas de ignorância. Esse processo de iluminação é o que chamamos de **Despertar**. Despertar nada mais é

Conclusão 139

do que uma forma de iluminação, miniexplosões de luz, de irradiação, de informação e de exemplos pessoais, ou seja, de saltos evolutivos, de recepção, de absorção e de reflexão energética.

Esses despertares podem ser individuais ou coletivos. Os despertares coletivos são extremamente poderosos e possuem uma enorme força transformadora. Por exemplo:

A possibilidade que tivemos de ver o nosso planeta Terra flutuando no espaço sideral e, quando o homem pisou na Lua há algumas décadas atrás, foi um fenômeno espetacular, o último e mais importante salto evolutivo coletivo que a humanidade presenciou. Ver o planeta Terra de cima foi para nós, sem dúvida, um dos maiores despertares de consciência já documentados. Tão espetacular que até hoje nossas vidas estão girando em volta desse breve momento.

"Até hoje, os estilhaços originados por aquela grande explosão de consciência estão sendo compartilhados pela humanidade, em virtude do grande salto coletivo ocorrido na época. Veja quantas transformações a sociedade humana presenciou depois desse evento extraordinário. Aquela imagem ocasionou realmente uma explosão na consciência coletiva. A mente humana mudou, a consciência da humanidade inteira mudou, pois ali abriu-se um novo portal de conhecimento sobre os assuntos cósmicos e espirituais. Antes disso, nós não tínhamos nenhuma ideia de como era o lugar onde vivíamos." (Trecho do livro *O Grande Pulso*, do autor Carlos Torres, Madras Editora.)

Cada vez que você desperta, automaticamente a sua visão de mundo se molda à nova realidade que se apresenta, portanto, ocorre um salto quântico em sua vida, tudo se transforma, a antiga imagem que tinha de si mesma, das pessoas e do mundo não se encaixa mais ao que lhe é revelado. A cada despertar você se aproxima mais de si mesma, pois a conexão com a sua alma e com a Fonte se amplia, impedindo que seja corrompida pelo sistema.

Os insights

A palavra *insight* é definida no dicionário como "o poder de discernimento e compreensão das coisas", "conhecimento intuitivo repentino para a solução de um problema". Essas duas definições nos levam a entender que o *insight* está diretamente ligado à nossa intuição e ao discernimento, portanto se origina quando estamos atentos aos sinais que a nossa essência nos manda através da mente consciente.

O que isso quer dizer?

Os *insights* fazem parte da natureza humana, contudo se estamos dispersos vivendo automatizados em nosso mundo egoico de urgências e emergências, dificilmente notaremos os sinais que a nossa intuição (conexão direta com a nossa essência) nos manda, e por esse fato não conseguimos discernir a verdadeira natureza de uma situação ou ação. Mas se estivermos despertos, a nossa mente consciente capta esses sinais de imediato, já que o nosso Ego não tem poder de manipular as informações vindas diretamente da nossa essência.

Existem casos em que mesmo a pessoa estando dispersa tem lapsos de lucidez, que são breves momentos em que o *insight* pode ocorrer, mas na maioria das vezes a pessoa não está preparada para interpretar (discernimento) os sinais, e por não estar desperta perde a oportunidade da conexão com sua essência. Algumas conseguem e esse *insight* se torna um grande divisor de águas em suas vidas, podendo levá-las ao despertar parcial ou total de suas consciências.

Conclusão 141

As projeções astrais

Viagem astral, experiência fora do corpo, projeção da consciência ou astral, experiência extracorporal, desdobramento. Estes são alguns dos termos usados para designar as experiências fora do corpo ou estados alterados de consciência. Dentre as várias formas de realização da projeção astral estão a meditação, o sono, as técnicas de relaxamento, as variações abruptas de atividade emocional e estresse, a experiência de "quase morte" e por meio de efeitos neurofisiológicos por indução de substâncias químicas (drogas).

Vamos pegar a forma mais comum e na qual todos nós conscientes ou inconscientes nos projetamos, o sono. Durante o sono, quando o metabolismo e as ondas cerebrais diminuem, os laços energéticos que seguram o psicossoma ao corpo físico se soltam e a pessoa, por meio do psicossoma, é projetada para fora do próprio corpo. Dependendo do estado de lucidez, são relatados posteriormente como sonhos, sonho lúcido ou uma experiência extracorpórea totalmente lúcida. Independentemente do quanto esteja afastado do corpo humano, a consciência estará ligada a ele pelo cordão de prata, um feixe puramente energético, em geral percebido pela consciência projetada como um feixe luminoso prateado, que só se rompe quando ocorrer a primeira morte (morte biológica) e a consequente deterioração do corpo físico. Sua grande elasticidade, parecendo infinita, impossibilita que se fique preso extrafisicamente.

Há três níveis de lucidez na projeção astral:

A *projeção inconsciente* ocorre com a maioria de nós em todo o planeta durante o sono ou cochilo e é relatada como sonho.

A *projeção semiconsciente* ocorre quando o grau de consciência é intermediário e a pessoa ficaria sonhando acordada fora do corpo, conhecida também como sonho lúcido.

A *projeção consciente* ocorre com um número bem reduzido de pessoas ao redor do mundo, pois o projetor sai do corpo e mantém a sua consciência durante todo o transcurso da experiência extracorpórea.

Existem quatro tipos de projeções:

Projeção em tempo real é quando a pessoa se projeta para fora do corpo físico e vivencia tudo ao seu redor, relatando após a experiência acontecimentos do cotidiano, por exemplo.

Projeção involuntária ocorre com a maioria de nós que acordamos dentro dos sonhos sem a nossa própria vontade.

Experiência de quase morte é quando uma pessoa, por conta de uma doença grave ou acidente, sofre o chamado estado de quase morte. O coração e todos os sinais vitais, inclusive as ondas cerebrais parariam e a morte clínica do paciente estaria atestada pelos médicos. Nesses casos, acredita-se que o espírito não se desligou do corpo físico e a pessoa milagrosamente ressuscita, ou seja, a experiência se mantém porque o sistema nervoso ainda apresenta atividade ínfima, pois o processo de necrose (morte celular não programada) não se instalou. Cerca de 11% dos pacientes, após o retorno desse tipo de consciência, relatam experiências detalhadas do que aconteceu enquanto estavam "mortos", pois teriam mantido a consciência ou o espírito no plano astral, fora do corpo físico, enquanto teriam a sensação de pairar sobre o corpo.

Projeção voluntária é quando a experiência é induzida por meio de técnicas projetivas, meditação, amparo de entidades extrafísicas, entre outros. A pessoa se projeta conscientemente.

Para você conhecer mais sobre temas como a Lei da Atração, a força do pensamento, a transição da Era de Peixes para a Era de Aquário, sugerimos que leia outros livros meus, *A Lei da Atração: O Poder que Você Tem, mas Nunca lhe Foi Dito* e *2012: A Era de Ouro*, ambos publicados pela Madras Editora.

Acesse o *site* oficial para conhecer mais sobre meu trabalho: <www.leidaatracao.com.br>.

Nota do Editor

A Madras Editora não participa, endossa ou tem qualquer autoridade ou responsabilidade no que diz respeito a transações particulares de negócio entre o autor e o público.

Quaisquer referências de internet contidas neste trabalho são as atuais, no momento de sua publicação, mas o editor não pode garantir que a localização específica será mantida.